# 资优教养

## 释放孩子的天赋

资深心理师 **王意中** 著

*POSITIVE DISCIPLINE*

*A Parent's Guide to Gifted Children*

漓江出版社

本书通过四川一览文化文化传播广告有限公司代理，经台湾宝瓶文化事业股份有限公司授权出版中文简体字版本。

桂图登字：20-2017-237
图书在版编目（CIP）数据
资优教养 : 释放孩子的天赋 / 王意中著. -- 桂林 : 漓江出版社, 2019.11
ISBN 978-7-5407-8548-2

Ⅰ. ①资… Ⅱ. ①王… Ⅲ. ①家庭教育 Ⅳ. ①G78

中国版本图书馆CIP数据核字(2019)第039491号

资优教养：释放孩子的天赋
ZIYOU JIAOYANG : SHIFANG HAIZI DE TIANFU

作　　者　王意中

出 版 人　刘迪才
策划编辑　符红霞
责任编辑　王成成
装帧设计　侯　建
责任校对　赵卫平
责任监印　黄菲菲

出版发行　漓江出版社有限公司
社　　址　广西桂林市南环路22号
邮　　编　541002
发行电话　0773-2583322　010-85893190
传　　真　0773-2582200　010-85893190-814
邮购热线　0773-2583322
电子信箱　ljcbs@163.com　　微信公众号　lijiangpress

印　　制　三河市中晟雅豪印务有限公司
开　　本　710mm×1000mm　1/16
印　　张　14.5
字　　数　140千字
版　　次　2019年11月第1版
印　　次　2019年11月第1次印刷
书　　号　ISBN 978-7-5407-8548-2
定　　价　39.80元

CONTENTS

# 目录

## 第四章 成长型养育
——为天资出众的孩子扫除“路障”

游森棚：台湾师范大学数学系教授、台北市资优教育评鉴委员、台北市资优教育鉴辅委员、美国英特尔（Intel）国际科技展览会辅导教授、台湾奥林匹克工作小组委员等。曾任台北市资优教育白皮书编定委员、台湾国际数学奥林匹克竞赛领队，并曾担任重点中学数理资优班班主任。著有《我的资优班》一书。

| 推 | 荐 | 序 |

# 理解资优生的心路历程

游森棚

读者手中的这本书，我乐意推荐给所有的教师与家有资优生的家长。

这本书谈了三个主要方向：资优生的情绪、资优生的“情感”特质，以及亲人、师长与资优生如何互动沟通。

但在继续推荐之前，我想先谈一下“资优”这两个字。

“资优”（gifted）是一个有明确意义的学术专有名词。但是在台湾，“资优”二字几乎已经成为各说各话的解读。不少师生、家长、一般大众，甚至未接触到相关理论的教育界人士及学界人士，都对“资优”一词有相当多的迷思。

我们看看下面几个刻板印象。这些对话场景常常出现在家长之间、教师之间、同侪之间或媒体上：

1. “他是资优生啊，功课一定很好。”

2. “这小孩一直考前几名，真是资优。”

3. “我让儿子来补习，看看会不会变成资优。”

4. “连这个都不会，算什么资优生？”

5. “反正资优生天生就会不是吗？”

6. “他不是资优吗？怎么问题一大堆？”

但是以上几句话都是错的。资优生一定功课好吗？错。功课好一定是资优生吗？错。去补习可以变成资优生吗？错。资优生样样都会？错。资优生天生就会，不需要努力？错。资优生用不着别人操心？错。

让我用跑 100 米来形容资优。有些人“天生”就是跑得比较快（不是吗？！），这就是资优。但是，100 米跑很快不一定游泳就很行啊！最重要的，如果没有好好地栽培或好好地努力，就只能吃老本，最终浪费了天赋。博尔特[1]天生跑得很快是一回事，但如果没有经过大量的科学训练和自身努力，他哪有可能破 100 米、200 米的世界纪录呢？

[1] 博尔特：牙买加短跑运动员，2008、2012、2016 年奥运会田径男子 100 米、200 米世界冠军，男子 100 米、200 米世界纪录保持者。

因此，如果我们手上有一个未经雕琢的天生短跑奇才，那要怎么让他发光发热、发挥最大潜能，就是一个大学问了。

相信经过这样的比喻，读者应该可以体会资优教育是一个严肃的议题。因为这比起已经够困难、够专业的短跑训练，可是复杂了千百倍。

资优教养的目的，就是希望让学生最终能发挥他的天赋，不仅实现自我，更能对社会有贡献。

我们必须要承认，推动社会或世界大改变或者大进步的，其实是少数人。因此，资优教养是一个庞大而专业的议题。其中包含了资优生的"情意"方面，如心理、心路历程、情绪、人际交往等，本身就是一个巨大的课题。

于是就回到读者手上的这本书了。这本书聚焦讨论"情意"方面几个重要的点：情意特质、情绪管理与人际互动。

虽然资优生形形色色，不能一概而论，但是，还是有一些共同的特质。不少资优生在成长的过程中会意识到自己"与众不同"，这样的心情有时是很希望有宣泄的出口，希望有人可以了解的。

本书借由一些故事情境，引入每个话题，传达资优生想与亲人、老师分享的心理状态，或者是情绪的特质，或者是互动的技巧，等等。全书对于资优生的情意需求有详细的介绍，对于资优生常常出现的情绪与心情亦有生动的描述。我相信对于因家有资优生而常感无措的家长，这本书会提供一个好的指引方向与正能量。

但如同呵护植物的生长一般，除了希望它在成长的过程中能顺顺利利没有病虫害，更重要的是，如何能提供环境和资源，使它长得更好。

资优生的教养亦然。本书未触及的另一个资优教养的重要方面是“如何营造环境，让资优学生尽情发展”。然而，这不只牵涉到资优生的认知需求与学习需求，更牵涉到整个教育环境，是另外一个庞大的专业议题，还有待大家共同努力。

但无论如何，希望这本书可以破除一些读者关于资优的迷思，让家长对资优教养的观念更正确，也让家长更关心真正的资优教养。因为，只有真正的资优教养，才能帮助到有天赋的孩子。

# | 写 | 在 | 前 | 面 |

## 从资优的七大特质谈起

——求知、完美、专注、理解、好问、敏感、人际

每个资优生都是独立的个体，没有两个人是一模一样的。这一点，毋庸置疑。

然而，在资优的孩子身上，也具备了一些普遍且类似的特质，我们可以从这七点谈起：求知欲、对完美的要求、专注力、理解力、表达与提问能力、超敏感情绪以及人际关系的处理。

当然，以下所列举的特质，并不一定出现在所有资优生身上，因此，请勿以偏概全，一概而论。

## 超强烈的求知欲

对于知识的学习，资优的孩子总是充满强烈动机与热烈情感，特点是学习速度快、记忆力强，能快速、正确地找到答案并回应。

资优生喜欢追根究底，探究事物的根源。一旦开始做一件事，就会坚持把它完成，遇到了问题也非想办法解决不可，并且乐此不疲。

他们并不期待所谓的“标准答案”。既定的答案，往往让资优生觉得无趣。重复、机械性、填鸭式、背诵的学习过程，也容易使他们感到索然无味。

强烈的求知欲，往往让这群孩子急于想要知道、探究、解决、掌握眼前未知的问题，因而总是抛出看似天马行空的疑问。大部分时候，这一点往往也使他们忽略了旁人当下可能在进行别的事情，从而被视为因冲动而打断、干扰、不尊重对方，遭受误解。

## 近乎完美的自我期许

资优生对于自我的要求，倾向于晶莹剔透、完美无瑕，较无法容忍错误、失败，不允许自己有任何缺点或瑕疵。对于自我表现常有高度的、甚至不合理的期待，并且具备使命必达的决心与毅力。

他们对于目标设定明确，往往很清楚自己要做什么，并且能坚持往目标挺进。对自己的能力充满自信、自豪与自傲。

但是，资优生也容易有自我否定的情况。面对强劲的竞争对手，资优的孩子相对地须具备较高的挫折忍受力，以免抗压性太弱而出现逃避、放弃的情形。

## 高质量的专注力

有资优特质的人，通常具备良好的“集中性注意力”，维持长时间专心的“持续性注意力”，以及能不受外在不相关刺激干扰的极佳“选择性注意力”。而在不同活动之间的转换上，常能无缝接轨、顺利切换，“转换性注意力”牢不可破。有些资优生甚至还拥有很好的“分散性注意力”，能在同一时间同步进行两三件事情。

资优生对于感兴趣的事物，可以很快投入其中。然而，当内容不符合自己的胃口时，则表现出明显的排斥与拒绝的倾向。喜好与厌恶，泾渭分明，不容他人勉强自己、强迫自己去注意与尝试。

## 超细腻的理解力

资优生对于事物的理解细腻，看待事情较为深入与宽广，往往能够很清楚地发现事物的本质，而非仅止于表面所反映的信息而已。

此外，他们可以很快地找到事物之间的关系，以及这些事物对自己的意义。但有时，也容易将自己与事物进行“过度”联结，认为那些事物都跟自己有切身关系，因而感到苦恼。

虽然资优的孩子拥有丰富的知识与学问，但相对地，在实际生活上的体验却相对较薄弱。这种“知识库”与“经验值”之间的落差，往往也成为资优生的压力源。尤其是对于极为复杂的人性与生命课题的思考，容易使他们陷入其中，产生困惑。

## 善于表达与爱发问

资优生善于表达自己对事物的看法，能够充分使用丰富、艰涩而精准的词汇、语句、典故或金句，同时，具备完善的组织、归纳、分析与逻辑推理等能力。

然而，他们也容易耐不住性子，由于急于表达出心中的想法，而忽略当下的情境到底适不适合。

批判性的思维能力也是资优特质之一，特别是与自己看法不一致时，他们易抛出问题，不畏惧挑战权威。只是，这样的态度，容易在班上被视为是对立、反抗的。

## 超敏感的情绪反应

资优生的情绪敏感与起伏状态很明显，甚至容易表现出过度激动的现象。情绪常一触即发，反应强烈。

虽然敏感本身没有好坏，但是，当“敏感”遇上了孩子的“过度解释”，特别是往负面的胡同里钻牛角尖时，则容易使自己陷入情绪的风暴与泥淖里。

资优的孩子较能够辨别自己当下是处在哪一种情绪，然而，在情绪控制及想法的转念上，他们是需要协助的。

## 人际收放与调适的两极处理

资优生对于周遭的一切常充满着热烈的情感。影响所及，面对人际交往，如果遇到了知己或能力相当的伙伴，就有机会相互合作；但在知音难寻的情况下，他们也能耐得住，一个人埋头苦干。

对于人与人之间的关系，他们很敏感，能有效地察言观色，感受对方所要传达的信息及情绪反应。

资优生通常是有幽默感，并且热爱分享的。不过，有时候会因倾向于“想讲自己要说的”，而忽略了对方的需求，及对方所能负荷、理解的程度，所说的内容太过深奥，曲高和寡，因而容易被一般同侪视为爱表现，觉得他们自以为是。

波兰精神科医师卡斯米尔兹·达布罗夫斯基曾提出一个“过度激动特质”（overexcitabilities）的概念，包括智能、情绪、想象、感官及心理动作等。在资优的孩子身上，很容易发现其中一两项或几项不同特质的排列组合。

当我们对于孩子的身心特质有了概念，在教养上，面对孩子的表现，也就比较容易给予合理的对待。至少可以肯定一件事：孩子的表现并不是故意的。更重要的是，提醒了我们在陪伴资优孩子的成长过程中，是否忽略了孩子心里细微的问题，却不自知。

这些特质虽然没有好坏之分，但是会视每个资优生的不同情况，深刻地影响到孩子的生活、学习及人际、情感。

目前在各个学校，小学、初中表现异常优秀的孩子并不会集中管理，而到了高中，则会对“好学生”集中管理，如将其分配到“实验班”“火箭班”等各种资优班。面对不同年龄层的孩子，我们所需要关注的焦点不一样。例如：小学、初中资优生的压力源，大部分来自和班级里一般同学的人际相处及互动；而高中资优生的压力源，则主要来自班级内部的同侪竞争、比较、课业负担，以及周遭他人的高度期待。

因此，建议父母特别留意，孩子在不同阶段所面临的成长挑战。

# 第一章

# 恭喜，让你头疼的“问题宝宝”可能是资优生

——专注孩子的本质，读懂孩子的内心

# 是资优，还是多动症*？

## ——六大方向初步做出分辨

放学后的教室里，小威妈一个人枯坐着，等候班主任回来。

“到底要跟我讨论什么事？电话里说一说，或网上聊一下不就好了。”妈妈心里很忐忑。

不久，老师匆匆忙忙回来，来不及脱下外套，就直接在小威妈面前气喘吁吁地坐了下来。

“小威妈妈，不好意思，让你久等了。时间宝贵，我们也不多客套了，就直接把话题说开吧。”

老师的单刀直入让妈妈有些错愕，心头产生了不祥的预感。

“小威上课常常不专心，爱讲话并动来动去，而且很容易生气，常和同学起冲突。我怀疑他有多动症，就是注意缺陷多动障碍。你要不要带他去医院检查，看看要不要吃药。”

---

* 多动症：注意缺陷多动障碍（ADHD），是儿童期常见的一类心理障碍，表现为与年龄和发育水平不相称的注意力不集中、注意时间短暂、活动过度和冲动，常伴有学习困难、品行障碍和适应不良。国内外调查发现患病率为3%～7%。部分患儿成年后仍有症状，明显影响患者学业、身心健康以及成年后的家庭生活和社交能力。

“这……老师，你这是不是未审先判啊？”妈妈心想。但她忍住未点破，只说：“不好意思，我不太懂，老师的意思是……”

“小威妈妈，我知道小威是资优生，但我更可以确定他同时也患有多动症，就是我刚刚说的注意缺陷多动障碍。”老师很有把握地说，“我再把情况说得具体一点。小威在教室里上课时根本不专心，老是看着窗外或天花板发呆，对于我的上课内容爱理不理。他还常常不把我的提醒当回事，也不等我把话讲完就举手发问，而且常常接连抛出一个又一个的疑问；却又常常显得对我的答案不以为意。”

小威妈如鲠在喉，越听心里越闷，觉得有些话真的非说不可。

“老师，很抱歉，我想小威上课应该真的让你很头痛。但是请别这么想当然地把你刚刚所提的情况与多动症画上等号吧！你不觉得，正因为小威有资优特质，所以在考量上需要更谨慎吗？他的表现不一定就意味着‘多动’啊。我们不能如此片面地看事情。”说到这里，她有些激动，但她还是要把话说完，“尤其是小威都还没有去任何心理医学科或儿童精神科就诊过，所以拜托老师别那么武断地认定他是多动症儿童。”

老师突然有种被人一拳打中胸口的感觉，闷闷的，但又不是很服气。他心想：“或许我刚刚讲话太直接了，没有做好亲师沟通，但我可以肯定小威的确有多动症，八九不离十。”

空荡荡的教室里，老师与小威妈尴尬地对视着，空气似乎暂时凝结了。

在学校里，常听到类似的对话，一个一个被高度怀疑为患有多动症的孩子，就这样被提出来，成为被“关注”的对象。

老师可能很直觉地怀疑孩子是不是有注意力缺陷的问题，但往往被家长否定。做老师的也有些搞混了：这孩子抛出问题，到底是出于冲动，还是对于我的上课内容不满足？当孩子看着窗外时，他是在发呆，还是在思考？他到底有没有在关心我的上课内容？

资优生感兴趣的世界无限宽广。有一句经典谚语：“好奇心杀死一只猫。”我想应该再添加一句——“好奇心害死资优生”，因为资优生常常因为好奇而被误会。

我常常提到一句话：“患多动症的孩子像绿箭口香糖一样，总是让人‘朗朗上口’，时刻挂在嘴边，轻易说出口。”你认为多动症用目测的方式就可以看出来吗？小心，当你脱口说出“多动症”三个字时，其实已越界了，忘了自己并非接受过相关学习培训、有相关资质的专业人员。

我相信在一个班上，多动症的比例经常被高估了。是否真有那么多的孩子有生理上的注意缺陷多动障碍？我持保留的态度。

对于身处教学第一线的老师们来说，一群调皮捣蛋、干扰教学、破坏秩序、上课爱听不听的孩子，往往在班上引起很大的麻烦。

实际上，资优生和多动症孩子，在课堂上常带来大军压境一般的压力，挑战着老师的班级管理能力。这两种类型的孩子的确很容易被混淆，而导致后续的辅导介入失焦。因此，学习明确区分资优生和多动症学生的相似与相异，对老师来说实在有必要。

当资优生与多动症儿童狭路相逢，我们该如何分辨？

## 资优教养的“心”解答

### 抛出问题，进行鉴别

发现孩子上课时分心，讲台上的你，可以借机问他问题作为测试。

通常多动症的孩子会不好意思地问你：“能不能再把问题说一遍？”因为他刚才实在是没有仔细在听。而不假思索便直接回答“不知道”的，也大有人在。

不喜欢思考、不愿意思考、很难思考，往往是多动症的临床表现之一。

但是，当你把资优生叫起来回答问题时，他大都可以回答你，而且还讲得头头是道、逻辑清晰又条理分明。他的精明与敏捷，常让你气得牙痒痒的——明明没在听，为什么就是考不倒？

资优生的文字组织能力好，作文还可以拿高分。在这一点上，多动症孩子就相对弱势许多。

在此要附注说明一点：每个资优生所擅长的领域不同，语文能力资优的孩子，可能无法顺利回应他相对弱势的数学问题。

## 从提问内容来观察

在爱讲话、爱发问与爱冲动这几方面，资优生和多动症孩子之间有很大的差别。

多动症孩子的发问常常是天马行空，非常跳跃，有时，他甚至不知道自己到底在问什么。但你可以发现，资优生的提问往往都非常有深度、有内涵，让身为老师的你，有一种被打脸、被问倒的感觉。

多动症孩子给老师所带来的压力，在于他不断地打断你，问你一些跟课堂上无关的事。资优生给老师的压力，则是你对他所问的问题，可能一直没有办法理出头绪。

多动症孩子的组织能力不好，是普遍现象。但是资优生在说话内容、书写文章以及表达对事物的看法上，组织能力非常严谨，甚至完美无瑕。这跟多动症孩子很不一样。

## 查看家庭作业与测试题

多动症孩子的常见表现之一是作业要写很久，而且，还不见得可以顺利完成。但是资优生可能三两下就轻易解决眼前的作业或测试题，解题作答干净利落，不像多动症孩子般拖泥带水。对于资优生的作业完成度，老师往往相当满意。

多动症孩子的作业隔天还不一定会带来教室。资优生则会很快把作业交给你。

考试时，资优生轻而易举地就拿到高分。这一点，多动症孩子很明显地被拉大距离，远远落后。

## 调高难度指标见真章

资优生并非不爱上课，而是期待能够上“符合他需求”的课。

不妨尝试把上课内容的难度调至符合他的能力，这对资优生来说可是乐此不疲的，你会发现他眼神闪亮，专注于其中。这一点，对于注意力持续性差的多动症孩子来说，是很难做到的。

面对简单的事，多动症孩子易分心；面对困难、复杂的事，多动症孩子更会因不知自己身在何处而分心。

## 化解双重身份的模糊地带

在演讲中，我常常抛出一个问题：

“当孩子同时具备资优与多动症的双重身份时，谁来担当主要的教学引导任务？是负责资优班的老师，还是负责帮助多动症孩子的辅导老师？”

首先我们需要了解，负责资优生的老师对于身心障碍类特殊学生，例如多动症孩子，是否了解必要的应对策略。

最完美的状态是相关老师，例如班主任、负责资优班的老师、负责身心障碍学生的辅导老师、各科老师等，对于孩子都有相关的应对方法。但毕竟这只是理想上最完美的情况，实际上可遇不可求。

但是，如果可以携手合作，具备双重身份的孩子将能获得最佳的学习资源与状态。我必须说，对于孩子的培养，是无法用二分法区分谁只管资质优异，谁只管多动症的，因为孩子是完整的个体。

## 弹性切换，应对孩子身上的不同特质

常常有家长及老师问道："如果一个孩子同时是多动症和阿斯伯格综合征[1]，该怎么办？"

我的回应通常是："现阶段孩子的核心问题如果是过动—冲动，那么就先依照多动症来处理；如果当下他的核心问题是固执，就转为阿斯伯格综合征来对待。"

同理，当孩子同时具备资优及多动症两种特质时，在日常生活与学习的应对上，也是比照办理。就看孩子当下所呈现的核心表现是什么——是属于资优的，或是归多动症——再适时切换跑道，在资优与多动症之间进行转换。

面对孩子在教室里的无序行为、违规表现与分心问题等，请记住，这些并不全然是孩子单方面的问题。因受限于老师—学生、

[1] 阿斯伯格综合征：属于孤独症谱系障碍（ASD）或广泛性发育障碍（PDD），具有与孤独症同样的社会交往障碍，局限的兴趣和重复、刻板的生活方式，常表现为人际交往困难，语言交流困难等。

父母—孩子等“权利不对等”的关系，孩子有没有问题常常是我们大人说了算。

我们往往会把自己看到的现象，例如：上课不专心、爱讲话、动来动去、容易生气、和同学起冲突等，直接拼凑起来，就冠上一个“多动症”的称号。如此以偏概全、标签式的反应，让我们少了一份细腻、敏锐、体贴和谨慎。

所以，不要只归咎于孩子的表现，老师也请审视自己的教学与班级管理，是否有可以调整和修正的地方。

老师当然有对孩子的问题表现提出质疑与猜测的权利，但在向家长反映“你家小孩有多动症”之前，请先具体地想想，发现孩子上课不专心、爱讲话、动来动去，除了平时只是用说的隔空提醒、叮咛或纠正他之外，自己在班级管理上，是否曾经为此努力过什么？

例如：上课要关注他，看着他的眼睛再说话，让孩子回答问题，或者安排相对沉稳的同学坐在邻座等；同时，也请试着思考孩子在不同的科目、不同的老师、不同的情境下，表现是否都一致，因为多动症的表现是跨情境的。

如果老师已经用心做了这么多，即使孩子的无序行为依然如故，至少，你曾经做了一些努力来帮助孩子，这时再与父母讨论是否需要带孩子去相关医院进行诊断，在亲师沟通上，便多了许多体贴与友善。

# 是资优，还是阿斯伯格综合征？

## ——五大原则认识孩子的独特

“老公，你有没有觉得阿坤怪怪的？他会不会是……”阿坤妈欲言又止，毕竟她也不想乱贴标签在自己的孩子身上，但她总觉得阿坤有哪里不对劲。

“怪又怎样？我们这个社会有一个现象，只要你取得世俗认定的成功，再怪都没关系。阿坤不是资优生吗？哪个资优生不被说是怪？”阿坤爸满不在乎地说。

“话是这么讲没错，但是……”阿坤妈实在很讨厌自己这种犹豫不决的个性。

“但是什么？说个话老是没有结尾，要别人猜。”阿坤爸显得有些不耐烦。

“……你有没有听过阿斯伯格综合征？你不觉得阿坤在某些特质上和阿斯伯格综合征很像吗？”话一说出口，她的焦虑竟然缓和了许多。

“阿斯伯格综合征？媒体上不就常常写到哪些名人有阿斯伯格综合征吗？”阿坤爸一知半解。

“你不懂啦！有两类孩子很容易被认为是怪人，一种是患有阿斯伯格综合征的孩子，一种是资优生，一般人常常把他们搞混。”

“那又怎样？”阿坤爸有点不以为意。

“有些孩子的身上同时有资优和阿斯伯格综合征的特质。阿坤的资优光环很耀眼，可是如果忽视了他可能也有阿斯伯格综合征，我担心会不会对他不好。”阿坤妈烦躁地说，“就算我们选择忽视，可是阿斯伯格综合征的特质不会不见啊，只是我们不愿意去看而已。我听说那种被忽略的阿斯伯格综合征，就像影子一样，会在不知不觉中对孩子的生活、人际交往和学习适应力产生影响呢！”

“有没有阿斯伯格综合征，又不是你自己说了算。”阿坤爸望着满脸疑惑的妻子。

“只是——”

“只是，你就先别乱猜了。”阿坤爸下了结论。

我曾经在演讲现场询问家长和老师：“当一个孩子同时具备了资优及阿斯伯格综合征的表现，家长在申请特殊学生身份的鉴定[1]上，会倾向于选择哪一个？”

其实不用等待家长回答，我也早就知道答案——毋庸置疑，

[1]　台湾地区教育系统的做法。通过这样的鉴定，甄选出有资优特质的学生，并将其划入各种相应的资优班。

资优一定是压倒性地胜出。

父母和老师有时会忍不住怀疑，眼前的孩子到底是资优还是有阿斯伯格综合征。做爸妈的宁可相信孩子是“资优”，而不是恼人的“阿斯伯格综合征”。理由很简单，对于许多家长来说，孩子只要具备了学习上的优异条件，就不需要再凭借阿斯伯格综合征的身心障碍身份，来取得学习上关于评分、考试与课业等调整的权利。

在谈论资优时，很容易与阿斯伯格综合征孩子相提并论。

我常这么说：“与其说他们怪，倒不如说是我们涉世未深。”

我们的见识，真的是没这些孩子深、没这些孩子广。说他们是怪胎，倒不如说，是大部分的人不了解他们，或存有片面的刻板印象。

资优生与阿斯伯格综合征该如何分辨？我们又该如何贴切地加以看待？

## 资优教养的“心”解答

### 谨慎“怪”谈：别轻易说“怪”

我们对这个世界的了解是很有限的，对于自己不懂的事物，常常就认为“那好怪”，因为它和我们的生活格格不入。或者说在某种程度上，这种“怪”反映出了大多数的人根本不愿意花时间去了解。

把许多事情用一个笼统的“怪”来形容，很不负责任地就将其归到边缘、角落不予理睬，其实这是一种瞧不起人或见不得他人好的心态，对某些人来说，也显示了他不愿意面对真相的逃避心理。抛出一句“怪”，三言两语便对某个人套上刻板印象，这很容易，却让周围的人少了一分想要去了解他们的冲动，只因那“非我族类”。

然而，自身的与众不同，实在让这群孩子吃尽了苦头。独特，往往使他们在别人的眼光中成了“怪胎”。使用“怪胎”这个词，真的要很谨慎。有时过度强调他人的怪，反而显示出自己认知上的狭隘。

我们应该学习欣赏“独特”这项特质，不是吗？

## 找到频率相近的同伴

资优生的察言观色能力比阿斯伯格综合征孩子敏锐，可以很细腻地观察到每一个人的表情、动作和说话内容，但不像阿斯伯格综合征孩子容易误解别人的意思。

资优的孩子有人际互动的需求。虽然他喜欢高谈阔论、分享自己熟悉的事物，但并非不想听别人的意见，只是他人对于他所谈论的内容，不见得可以马上理解或追上进度。这不应该是资优生的错，也不是其他人的错。这种事情本来就没有对错，只是彼此的“频率”不同。

当物以类聚，具有相似特质的资优生在一起时，就容易碰撞出璀璨的火花。

资优的孩子是否就是喜欢一个人独自学习呢？那倒也未必。只要找到相知相惜的队友，他们就可以群策群力，将团体的实力发挥得淋漓尽致。在许多科技竞赛场上，常常可见资优生组合完美配合的身影。

资优生并非无法进行团队合作，只是他还没遇到一群“登对”的人，一群能够相知相惜、共同合作的伙伴。在资优的道路上，这是可遇不可求的。不过，资优的同学之间或许更能惺惺相惜，英雄惜英雄。

在“团队合作”这点上，资优生大大胜过阿斯伯格综合征孩子。

## 以焦虑作为判别的指标

资优的孩子具有敏感的特质及过度激动的情绪，很容易让别人感觉到有些急躁与焦虑。但是，这与阿斯伯格综合征孩子的焦虑不同。

阿斯伯格综合征孩子常因为必须适应环境变化而焦虑，例如面对新的人、事、物时，由于陌生、未知，而变得焦虑、排斥或不安。

然而，对于资优生来说，新的事物带来的却是惊喜、挑战和乐趣，驱使着他想要去尝试与探索。

对于阿斯伯格综合征的孩子，问他问题，他不见得可以回答或愿意回答，并会因此而感到焦虑。相反地，资优生不但能回答，而且一开口便滔滔不绝。

## 留意固执所带来的损伤

专注，是一种美德。若极为专注于特定事物，照理说应该要被赞扬才对。然而，对于特定事物的过度专注，很容易让孩子对周遭缺乏应有的关注与接触，因为强大的注意力往往具有明显的排他性。每当谈论阿斯伯格综合征孩子时，我都会强调这一点。

阿斯伯格综合征对于资优生到底是加分还是减分？这就要看不同特质的组合，能否使资优生的天赋得到良好的发挥。

对特定事物的坚持与投入，就知识的学习来说，有着不容忽视的正面力量，可以促使资优生聚焦在自己所熟悉、所擅长的领域里。“专注”与“坚持”就像是一对羽翼，让资优生在专业的领域里自由自在地翱翔。

可是，当资优添加了固执的元素时，对于资优生来说是大大地减分。固执，也很容易让资优生陷入思考的泥淖，无法挣脱，因而造成身心的耗损。

在同一个孩子的身上，同时具备资优与阿斯伯格综合征的身份，这两者都是属于自己的一部分，无法切割，也不应该被另眼看待。

资优的孩子请勿因阿斯伯格综合征而自责，因为两者都是属于自己的特质。

## 调整认知，合理接收“被看”的刺激

有人期待被注视，有人则不爱成为他人的焦点。这当中的差异，主要在于不同的人对于“被看”这个刺激的解释，也就是以怎样的想法去看待“被看”。

对于容易焦虑的阿斯伯格综合征孩子来说，通常容易以负面的想法来解释他人对自己的注意。

- 人家一定觉得我很奇怪，这么笨手笨脚的，反应又慢，不然他们为什么都在看我。
- 反正我说的话都没有人听得懂，也没有人想要听，从他们的眼神里就知道他们都懒得理我。

每当孩子这么想的时候，负向思考的方式往往也为他带来一阵阵焦虑、不安、恐惧等负面情绪的大雨，而让他对于社交更加畏惧。

因此，协助孩子用不同的认知、较为合理的解释，来重新调整对于互动讯息的看法，就显得相当重要。

- 他们看着我，或许是对我这个人感兴趣，觉得我是一个有意思的人，说不定还很想走过来认识我呢！
- 也许我说的话没有人听得懂，但从他们的眼神看来，似乎对我更感到好奇，更想要一探究竟。

改变想法，让孩子远离人际互动的焦虑，是击败社交焦虑的必经之路。

# 艺术天赋与创意也是一种资优吗？

## ——看见孩子天赋里的“不一样”

“林小渝！你在干吗？谁叫你画画？给我认真一点，先把功课搞好再说。每天只顾画画能干吗？”老师话刚说完便走到小渝的座位旁，粗暴地把她的涂鸦揉成一团，随手往垃圾桶扔过去。

全班同学都被老师的举动吓了一跳。那一瞬间，小渝觉得心像是被刀深深地划了一道，很痛。但她不想哭，不想掉泪。

一直以来，从老师的眼神、话语、行为，还有家校联络簿的留言中，小渝知道他对于自己爱画画是很不以为意的。爸妈也不把她对画画的热爱当一回事。大人们都觉得她在浪费时间。他们想到的只是小渝成绩不好，要不要去补习。他们只在乎她数学考多少、语文考多少，还有英语考多少！

小渝不断地涂鸦。只要一听到或想到有趣的事情，她就立即随手拿起笔，用图画呈现，无所不画。不管是课本、桌子、墙壁、餐巾纸上，还是作业本、家校联络簿上，到处都是她的涂鸦。可是现在，她在学校里已经无法大大方方地画了。

“哇！小渝，你真会画！”舒舒高举着小渝下课时刚完成的涂鸦，大声赞叹。

“这没什么啦！还好还好。”小渝既腼腆又开心，一扫刚刚上课时被老师数落的阴霾，难得地露出了灿笑。

“你看，小渝可以把很抽象的概念快速画出来耶！”舒舒转身对阿满说。

“对啊！我觉得只要把小渝的作品裱框，再挂上墙，就可以开画展，供人付费参观了。”阿满也佩服地说。

这一刻，小渝心里感受到无比幸福、美好，比偶尔数学、英语和语文考九十几分还高兴。她发现，原来还是有人懂她、了解她、欣赏她，甚至会保护她的。舒舒和阿满可以说是她的最佳支持者，让她产生一股继续画画的动力。

小渝只想要多一点时间画画。她有一种停不下来的渴望，就是想一直画、一直画、一直画，不受任何人限制地画，天马行空地画出自己想象的世界。

这孩子或许不是学术方面的资优，但她拥有美好的绘画天赋。同学们看到了这一点。然而身旁的大人，你注意到了吗?

## 资优教养的“心”解答

### 成为孩子的伯乐

现在的孩子功课越来越多，画画的机会越来越少。笔记本上全是文字、数字与考题，能涂鸦的空白也愈来愈少。

许多孩子希望自己像电影《鲁冰花》的古阿明或《心中的小星星》的伊翔，遇见一位能看见自己优点、赏识自己的老师；或者，只要老师不干涉他追求自己的兴趣就好。

孩子当然也期待父母能懂自己，重视自己感兴趣的事情，即使与功课或成绩无关，也依然支持自己。

你是孩子的伯乐吗？你能让孩子钟情于他的兴趣吗？比如，天马行空地画画。

画画让小渝这样的孩子喘息，遨游天际。让孩子感觉身在北海道看薰衣草，在南极见冰山、看极光，穿越撒哈拉沙漠，奔驰在蒙古草原，或搭乘山手线环绕东京。

你能够让孩子爱画、很单纯地画，而且不受限制地画吗？

多么希望，你就是那个伯乐。

### 谢绝拔苗助长

对于发展孩子的天赋，父母要谨慎面对，避免有时自己帮了倒忙还一无所知，没有察觉。

我的大女儿从小就爱画画，爱任何手工的创意活动。家里的主卧室有一整面涂鸦墙，但实际上，涂鸦早就遍布家中多处墙面与角落了。当然，后来两个弟弟的追随也功不可没。

女儿还在读幼儿园的时候，我曾心想：“既然她这么爱画画，不如带她去上画画班好了。”随后就带着孩子在家附近问了一家画画班，听画画班的老师详细说明了上课内容，但我还没决定是否让孩子去上课。没想到才一跨出大门，小小年纪的女儿就放声大哭。这一哭，让我吓了一大跳，同时心中浮现一个念头：“以后除非孩子自己主动提到要补习，不然我这个爸爸不会再主动帮他们找或替他们安排。”

事后，我在想，原本女儿喜欢画画是很随性、很自由自在的，想画什么就画什么，想在哪里画就在哪里画（当然喽，多少还是需要有些规范，家中仍然有禁区），无论什么时候，想画就画。但是，如果当时我“强迫”她去上画画班，会不会因此产生拔苗助长的副作用？

很幸运地，那时我紧急刹车了。女儿截至目前仍然喜欢画画和手工。

请你也杜绝拔苗助长。当然，别忘了孩子的珍贵天赋。

## 别让星星被隐没了

印度电影《心中的小星星》是许多关心特殊教育的父母与老师常推荐的影片，用很写实的故事，反映了许多令人反思的议题，如同在台湾，许多大人眼中仍然只有“分数”，成绩表现往往像一把尺，决定着父母与老师“看待”孩子的方式。

剧中，患有学习障碍的8岁小男孩伊翔，受尽旁人的批评、指责、揶揄、嘲讽、排挤等，这些不公正对待逐渐把孩子推至阴暗的角落，直到他的美术天分被尼康老师发现。

星星的闪烁，终于被看见。然而在这之前，学习上精疲力竭、被无助感阴影笼罩的伊翔，早已奄奄一息。

《心中的小星星》让我们了解到，具有隐性学习障碍或拥有特殊天分的孩子，是如何被人们惯性的眼光所误解。我们往往习惯从外显行为与成就表现来判断一个人，却忽视了隐藏在这些“看得见”的表象背后，那些真正需要被重视的讯息。

从伊翔的成长历程，我们汗颜地发现，所谓的“学习”似乎总是要把我们变得都一样。考试成绩总是落后于别人的伊翔，是否可以有着他与别人的“不一样”？

## “关心”有强效作用

“关心有治病的效用，能缓解痛苦，让孩子觉得被需要。偶尔的拥抱和亲吻，表示我的关心。儿子，我爱你。如果你害怕，就来找我；如果你摔跤、受挫，别担心，有我陪着你……”

这是电影《心中的小星星》的旁白，借此，亲子之间终于找回了该有的关系。

前面提过，资优可分为6大类别：一般智能、学术性向、艺术才能、创造能力、领导能力与其他特殊才能。而其中的“艺术才能资质优异”，是指在视觉或表演艺术方面具有卓越潜能或杰出表现，就像前面故事里的小渝。

亲爱的爸妈，你看见孩子的光彩了吗？

我一直认为，当我们大人改变了、调整了对待孩子的方式，这份陪伴与关心，就将有机会让孩子走出阴暗的角落，使明珠不再蒙尘。

# 明明是资优生，怎么考得那么差？

——资优不等于绩优

教室里，明成若有所思地低着头，默默不语，耳边传来一阵阵同学们的窃窃私语，让他尴尬得浑身不自在，只想逃离这一切。

“明成是资优生？不会吧，他数学才考 70 分欸！如果这样都叫资优生，那我们全班不都是高级资优生了。”阿才刻意把音量放大。

“资优生不是常常都拿第一名吗？”小旭酸溜溜地拉高尾音。

“我也很怀疑。照理说，资优生的成绩不是应该很好吗？”阿才边说，眼光边转向明成。

小旭也配合地应声：“说不定资优生也有分等级！”

阿才笑着说：“小旭，你讲话不要那么酸嘛。人家可是有身份的资优生，经过认证的！”

“认证？是 GMP[1]，还是 CAS[2]？”小旭故意表现出一副无知的模样。

阿才和小旭就这么你一言我一语地对明成冷嘲热讽。明成眉头深锁着，双手不时搓揉着衣角，周围的气氛让他感到窒息难耐。

这就是资优生的成绩吗？不只同学们有这个疑问，连他的父母和老师也跌破眼镜，不禁怀疑：“这孩子真有那么资优吗？”

摊开智力测评的结果，明成的智力与一般同龄孩子比较，的确是符合资优生的标准，也顺利通过鉴定进了资优班。

但让父母、老师和同学纳闷的是：为什么他在班上却成绩平平，一点也不像资优生呢？

明成的成绩表现一点也不亮眼，撼动着大家对于“资优”的既有认知与看法。

“他明明很聪明，怎么会考成这样？”这是明成最不喜欢听见的一句话，尤其是说话者狐疑的眼神，透露出一种“不以为然”。

“资优生就一定会有好成绩！”这种看似理所当然的误解，对于明成脆弱的自尊有着强大的杀伤力；“内伤”越深，越不容

[1] GMP：生产质量管理规范（Good Manufacturing Practices），是一套适用于制药、食品等行业的强制性标准，由世界卫生组织于 1975 年发布。

[2] CAS：台湾优良农产品标志（Certified Agricultural Standards），指台湾地区以“优质农业”及“安全农业”为理念，推动具备“原料来自台湾，制程严格把关”的特性产品，并授予此类产品相应的证明标章。

易被旁人察觉。

资优，多么令人羡慕的身份。有多少父母期待这道光环能够眷顾自己的小孩，仿佛资优代表着一种保证：成绩好，未来升学没烦恼！

不好意思，事实却常常不像你所想的那样。

## 资优教养的“心”解答

### 谁说资优生就一定有好成绩？

身为三个小孩的父亲，我能理解，我们做父母的很容易催眠自己，凭自己的想象构筑出孩子璀璨的未来，那个画面非常令人陶醉。

但是，谁说资优生就一定有好成绩？很抱歉，没有人可以给你保证。当你深信资优就等于拥有好成绩，这样的信念，只会转化为更多不实的期待与要求，强加在小孩身上。

让一切回归现实吧！让我们好好地重新认识眼前这资质优异的孩子。他需要合理的对待。

## 了解孩子属于哪一类型的资优

资质优异的差别其实很大，每一种类型的孩子，特质都不一样，有各自擅长的风格与特色。家长当然有必要搞清楚自己的孩子属于哪一个类别，这是了解孩子的最基本要求。然而，不见得所有家长都能掌握状况。

一般来说，资优的分类有下面6种：

1. 一般智能资质优异
2. 学术性向资质优异
3. 艺术才能资质优异
4. 创造能力资质优异
5. 领导能力资质优异
6. 其他特殊才能资质优异

例如，当孩子属于一般智能资优时，我们可以透过智力测评结果，或先前他在学习上的具体卓越表现，来进一步确认在记忆、理解、分析、综合、推理或评鉴等领域，他所擅长的是哪一方面。相关的细节，可以与资优班老师或临床心理师进行讨论。

先与孩子一起把这点明确地界定清楚，确定他所擅长之处。不过，即使是在他的天赋领域，也请勿苛求他时时、处处都第一。

## 资优，不等于绩优

资优不够，还得绩优？听起来压力好大呀！然而，不用怀疑，这正是许多资优生在现实生活中背负的重重期许。

在此要请问各位家长一个问题：你是要孩子资优，还是绩优？

这个问题或许很残酷，不过，却是父母应该深思的。

其实我们心里明白，“两者都想要”的期望，其实并不合理，但是一旦孩子“资优却不绩优”的隐忧成真，许多家长和老师仍然免不了期望落空，大受打击。而这份若有所思的惆怅，往往也造成了孩子自信与挫折的大崩盘。

你是否可以接受孩子资优，但不绩优？

其实，我一直在思索一件事情：到底什么是成绩好呢？难道满足或达到大人所期待的成就，就是绩优，就是成功？关于“成功”，谁可以轻易下定义？

这些“成功”很现实、很诱人，但人生好像还可以有不同的选择与组合。你认为呢？

## 资优不表示每科的表现都亮眼

在学习领域上，资优生不一定都大小通吃，语文、英语、数学、社会、自然，并非每个人都能获得全能的金牌。有人是数学单项竞赛的常胜将军，但语文、英语却不见得报得了名。有人语文、英语长期保持全校纪录，始终无人能够突破，但就是别在他面前提起数学。

我们要保持一个理智的心态：不管一个孩子资质再怎么好，也不表示每科都厉害。同时，也请把这样的信息传给身旁其他的人知道。

合理地看待，是对资优生最友善、最基本的尊重。

## 好成绩的理由何其多

我们都希望孩子成绩好，但是，好成绩的理由何其多。如果你一味地以为孩子资优、够聪明，就会有好成绩，那么以下这些话，你应该很熟悉：

“我看你是没把心思放在功课上。再不认真点，你的成绩会很难看。”

“孩子，妈妈相信你一定可以的。我真的觉得你的程度不应该只有这样。”

“你不要以为自己聪明就好混！”

“你要不要花一点时间看书？一点点就可以。”

做爸妈的无论是抱怨、唠叨、发牢骚，还是采取苦口婆心、温柔的攻势，最终都是想要让孩子的成绩好起来。

但是，影响成绩的原因太多了。不仅要看孩子对于所学的内容理解、熟悉到什么程度，也要看他是否有花心思和时间来准备考试；同时，考试过程中的专注力与应答技巧、考前的身心状况、前一晚是否休息好，以及考试的动机等，都会影响考试成绩；甚至，孩子可能怀疑："我到底是为何而战？""我为何需要考好？"……

这些状况可能发生在任何孩子身上，所以重点在于厘清孩子的问题到底是出在哪里。

而另一方面，成绩好的学生不一定是资优。这一点，我必须强调再强调。

# 补习，能让孩子变成资优生吗？

## ——资优是无法“培养”的

“××资优物理补习班”“××资优数学补习班”……每当看到这一类的招生广告，鲜明的“资优”两个字，往往令许多望子成龙、望女成凤的父母心动不已，巴不得把孩子从小小孩就直接送进资优补习班。

然而，让孩子“成为”资优生的想法，打从一开始就错了！资优原本就在孩子的天赋里，等待我们去发掘、去陪伴，去给它机会成长。

但是有许多父母却甘愿沉醉在如此的美梦里，期待孩子用补习能“补”成资优。

“老公，我觉得应该让明伦去补习耶！隔壁的李太太说现在有好多人在准备考资优班。以前都没听说，太可惜了。如果早一点知道，明伦还在念小学时，我们就该让他去补习了。李太太的女儿也在补。我看，真的是要趁早补，大家都在想办法考上资优班，这样孩子以后升学才比较有胜算。”一想到自家的孩子已经落后别人不知道多少步，明伦妈妈决定要从现在起猛踩油门，加足马力往前冲。“老公，你看明伦要补数学还是语文啊？不知道先补哪一个比较好。我看，还是都给他补算了。有补习就有保证，现在辛苦一点拼进资优班，以后考上大学就轻松一辈子。我再去查一查哪家补习班的老师比较厉害，最好有那种保过的，要提早多多练习，才有机会考上。”

看妻子对资优班补习剃头挑子一头热，做爸爸的有点不以为然：“老婆，你真的觉得我们家明伦有这个能力吗？就算真的考上了，他能读得来吗？”

“别想那么多，先考上再说。你不觉得吗？资优生听起来很神气，资优班听起来也比较厉害，邻居问起来多威风啊！”明伦妈妈已经沉醉在自己编织的美梦中了。

“但是，我们家的孩子好像还不到这种程度——”

明伦爸爸试着劝阻，可是妻子听不进去：“管他的！以前不知道就算了，现在大家都抢着补，我们要补就要快。补习班我自己去查，你只要把补习费准备好就可以。”

明伦爸爸又问：“那你有没有事先问过明伦的想法？或许他根本没有这样想过。你这样帮他安排，如果他真的进去了，最后会不会跟我们抱怨啊？”

妈妈仍然自顾自地说：“你就会发牢骚，我可没那么多时间跟你唠叨。我先去查补习班，还要去学校拿简章；另外，也得赶快去问问看有没有模拟考试题，好让明伦赶快练一练。”

“资优，真的可以补出来吗？”爸爸怀疑着。

## 资优教养的“心”解答

### 与生俱来的天赋：莫把绩优当资优

资优是一种天赋，是无法“培养”出来、“补”出来的。这句话很残酷，但我不得不明说。

以“一般智能资质优异”的孩子为例，是指在记忆、理解、分析、综合、推理及评鉴等方面，较同年龄者具有卓越潜能或杰出表现，并经专家学者、指导教师或家长观察推荐，同时能提供可证明其学习特质与表现卓越或杰出的具体材料的儿童或少年。

那么，“补”出来的孩子呢？或许只能说是“绩优”，而非“资优”。

真正的资优是限量的、原装的，无法通过补习来上架。无奈的是，很多家长常错把成绩好当资优。

其实，或许有许多父母是因为最爱“成绩好”，才期待孩子“资优”吧！

你呢？

## 破除莫名的优越感

对于父母来说，“资优”到底代表了什么？可以证明什么？为什么有些家长会想要让孩子成为资优生呢？

我们不妨想一想，家里有个资优孩子，为什么自己隐然有种优越感？在这种优越感的背后，是否隐藏着我们内心的不足？还有，这是优越感，还是虚荣心？这到底是谁的需求？是孩子的，还是父母的？

这些都是为人父母必须自我觉察的问题。

我知道，这些话实在不中听。不过，我们真的要留意到隐藏在我们父母心中的那股隐隐作祟的优越感。

## 聆听孩子的需求

想想看，这种优越感会不会成为孩子的负担？这样的代价、成本会不会太高？

父母也许会觉得“一切都是为了孩子好”，至于孩子领不领情，又另当别论。

特别是，若你没有征求过孩子的意见，那么你想给孩子的，或许不见得是他想要的。如此贸然安排的同时，等于启动了亲子边境的冲突——这个冲突，可能一开战就是好几年。

表面上，这些做法似乎是为了孩子的未来好。但请你仔细思量：这么做，会不会其实是在支配孩子？资优班的学习模式，不一定是孩子所期待的，也不一定是属于他的模式。

别忘了，假性的资优，只会让孩子更痛苦、更没有成就感；同时更不要忘了，坐在教室里面上课的是孩子，不是你，也不是我。

资优孩子不是展示品，也不是父母虚荣心的保养品。

## 是良好的读书风气，还是暴风圈？

想把孩子送进资优班，或许有你的考量。以父母的立场来看，这对孩子不会是坏事吧！至少，同学们都很厉害、很会读书，读书风气应该会很盛，你想，孩子的能力自然会提升。

然而，资优生在他们所擅长的领域里，可以说是天才。当我们把普通孩子放在“一群天才”的环境里，对他来说，这不是读书风气盛不盛的问题，而是他根本就身处超强的暴风圈中！身旁净是天之骄子，而自己又无法超越，那股压力单凭想象就令人无法喘息。

这种拉锯，会随着孩子从进入资优班开始，越来越明显。

请再次提醒自己：成绩优异的孩子并不等同于资优生；资优也不表示成绩就优异。

把孩子放到不适合他的地方，只会苦了他，也累了他。

当孩子并未具备 F1 赛车选手的能力时，我们却把他放入那样的竞赛环境里，只会让他感到挫败、挫败、再挫败。

最后，只怕他看到车子就害怕和畏缩，即使原本成绩再好，也很容易因此报废。

# 读懂资优孩子内心的“老灵魂”

## ——教孩子从喜欢自己开始，接纳自己

在图书馆里，喜爱阅读的天逸无意间瞥见了美国诗人弗罗斯特的诗句：“一片树林里分出两条路，/而我选择了人迹更少的一条，/从此决定了我一生的道路。”他心里突然感觉到一股暖流，那是一种他从未有过的共鸣。

就是这样！他正是觉得自己走在一条很少有人走的路上。

顶着资优的光环，周遭的眼光无论是羡慕、佩服或不屑，都只让他觉得孤独，不被任何人了解。

压抑了很久的满腹委屈和无奈就要爆发，此刻，天逸突然有股强烈的冲动，渴望找个人倾诉。他转过身，也不管身旁的挚友小毛有没有在听，便自顾自地说：“小毛，你知道吗？其实我并不想要与众不同，可是我发现自己好像真的和别人不一样，这让我觉得，我跟同学们的距离越来越远……在这一条人迹罕至的路上，我期待有朋友相伴。并不是要相互较劲、分出高下的对手，

而是能够一起走在路上，相互支持、携手同行的伙伴。”

一脸稚气的大男孩娓娓道出他的想法。但是，突然听到这一段像演讲似的开场白，连一向有默契的死党小毛也感到茫然：“天逸，你在说什么啊？讲得那么深奥，我听不懂啦！”

“小毛，别人或许不明白，但我们是好朋友，我只希望你能懂我。每个人看事情的角度本来就不同，逻辑不同、想法不同，思考模式也不同。的确，我的思考和大部分的人都不一样，但这是我专属的模式。我实在不知道要怎么做，才能让其他人了解这一点。其实我只需要一种互相的尊重……”

天逸知道自己的话让小毛很困惑，但他需要借着把想法说出口，做一些澄清。他明白，身旁许多人对他有误解。如果任歪曲不实的偏见在教室里流传，而他自己一直闷着不说，只会越来越不舒服。

“我真的很想让大家知道，我不是高傲，也不是自大，更不是自以为是，我只是把自己所知道的忠实呈现出来。同学们或许无法马上理解我在说什么，没关系，我在寻找知音，寻找了解我、懂我的人。要不这样好了，我也可以学习如何用比较浅显的方式传达知识。不是有人这样讲吗？‘专业不是让人家听不懂，而是学习如何让对方了解’，这是一种自我练习。”

“嘘！天逸，你可不可以小声一点？这里可是图书馆啊！大家都在看我们。”小毛感到有些坐立难安，因为他知道天逸只要一开口，就很容易浑然忘我地长篇大论，完全忘了他们是在要求肃静的图书馆里。

天逸压低了音量，却再也无法压抑自己的心声。

“我真的不是像同学们批评的那样，老是故意讲一些高深莫测的话，那些事情是我本来就懂的。或许因此让大家觉得和我聊不来，甚至跟我讲话会有挫败感……就像现在，我的话让你听得一头雾水吧！”

他极力想强调的是，在和别人的相处中，他不是故意的，更不是要让对方难堪。

“老师也说过我‘爱演很碍眼’。但我没有恶意，也不是爱演或爱表现，就只是想分享，因为我觉得这是一种非常喜悦、非常棒的体验。只不过，我老是非常自然地把自己所懂的知识，用很快速的方式表达出来，却没有去考虑别人对这个领域懂多少，才会变成每次都讲得很深奥。真的很不好意思……”

在图书馆里，小毛只能静静倾听，无法出声给予任何回应。他能明白这个资优的好友心里的孤单，但是一时之间，实在难以消化。

对于资优生，能够了解他们的人真的不多。你呢?

## 资优教养的“心”解答

### 从“我喜欢我自己”出发

孩子的资优天赋本来就存在，这是一种与生俱来的能力。这种能力，没有办法去补习班、才艺班“磨”出来，也不是提前去背、去演练那些智力测验就能硬造出来的。资优是一种原汁原味的纯粹特质。

所以，我们要引导孩子学习跟自己相处，让孩子喜欢自己、接纳自己，与这种原本就属于自己的天赋相伴而行。

### 培养“欣赏”的能力

我们的社会需要多培养“欣赏”的能力，让周遭的同学们了解，资优生并不会对自己带来威胁。这一点需要透过老师协助，引导一般同学去欣赏资优生的特质与能力。资优生只需要一种合理的对待，那就是能够实际被理解，但请不要放大、不要夸张。

首先，要让同学们真正了解资优生的特质，协助普通学生学习与资优生好好相处，同时也协助资优生看见班上其他同学的优势。

在课堂上，避免一直强调资优生的优势能力，也别让同学只看到资优生成绩好、分数高。资优的孩子们需要友善的环境、友善的眼神与友善的对待。

让孩子接纳自己有不懂的地方，欣赏每个人的不完美，也接纳每个人的不完美，并且能欣赏别人所拥有的能力。

## 接纳资优本来就是“我”的一部分

“他是一个 10 岁的小男孩，他有阿斯伯格综合征。”这是在演讲中，我经常向听众强调的——当你看见有阿斯伯格综合征（或自闭症、多动症、选择性缄默症[1]、妥瑞症[2]等）的孩子时，请先看到他作为一个“孩子”的事实。

另一方面，患有阿斯伯格综合征的孩子需要练习接纳自己的所有特质，因为终其一生，阿斯伯格综合征会一直伴随着他。

换个角度想，对于资优生来说，也是相同的道理——“资优本来就是属于‘我’的一部分。”

孩子要先接纳自己的天赋，因为终其一生，资优特质都将伴随着他。

[1] 选择性缄默症：一种精神障碍，是以患儿在某些语言交流场合（如学校、有陌生人或人多的环境里）持久地“拒绝”说话，而在其他场合言语正常为特征的一种临床综合征。

[2] 妥瑞症：是一种儿童脑部基底核具神经生物学基础的慢性疾病，患者会反反复复、时好时坏地出现半不自主性的动作及声语上的综合抽动症状。

## 表达出自己的需求

“我不得不提醒自己，有些鸟是无法被关在笼子里的。它们的羽毛太亮眼了。”这是电影《肖申克的救赎》里的一句台词。

我总是不厌其烦地强调一句话：“孩子不说，不表示他没事。”

特别是资优生心中深藏着如同万马奔腾、滚滚岩浆般的思绪、想法与感受。这些被地壳覆盖住而躁动不安的岩浆，不时在寻找着出口。

就让火山自然地爆发吧！让孩子说出心理的需求、心里的话，鼓励孩子练习自我对话，并把这些想法写下来。例如：

- 有时候，我喜欢独自一个人思考。确切地说，是我还没有找到知己。一个人思考，我可以非常天马行空地想到哪里就是哪里。我可以让自己非常专注地自言自语，把我所知、所想，在我的脑海里、文字里，透过键盘和口语展现。

- 我不是卖弄，只是很自然地想要把我所知道的事情跟你们说。就像一个小朋友非常喜欢火车，他也会很自然地告诉你，和你分享各种火车。他会跟你分享很多他熟悉的事物。他不是爱表现，只是想分享，我也是如此。

- 不要误会我，也不要误解我。我真的很想跟你们做好朋友。我也只是个孩子，你们 17 岁，我也 17 岁。我的心智年龄也许已经超越 20 岁，但我的生活经验、生命体验，跟各位同学差不多。

● 我也想要有朋友，想要跟同学一样，一起玩游戏。大家上脸谱网，我也有这个需求。请你们不要忽略掉这一点。不是我爱强调，我只是想让你们知道我所擅长的事，也许是数学，也许是语文。但那只是我的一部分，我还是我，还是一个孩子。

● 请你们也尊重我身为一个孩子的权利，试着了解我。我也真的很想让你们了解我。我练习接纳自己，不再排斥自己的天赋能力。这本来就是我。

以此类推，和孩子一起多多练习自我表露内在的想法吧！

## 认识孩子心中的老灵魂

有时，我们会怀疑资优生的身体里面似乎住着一个老灵魂。他们和比自己年长的人可以沟通，觉得对方懂他、了解他、知道他在说什么，也听得出来他想表达的。

为什么会这样呢？资优孩子的心里，或许是这样想的：

我对于万事万物自有一套独特的看法。我有丰富的知识背景、庞大的数据库，夸张一点说，或许就像百度数据库一样容量无限。在看一件事情时，我除了有高明的组织能力、辩证能力和分析能力，也自有一套很精准的逻辑思考方式，或能够引经据典。这些逻辑思考方式对于一般同学来讲，可能无法想象，但是，年长的人就比较容易知道我在说什么。

在此只是提供一个范例。我们可以像这样去感受、去推敲孩子心里真正所想的，去读懂，住在孩子内心的，到底是怎样的一个老灵魂。

# 第二章

## 驱散不合理的压力源

——天资出众的孩子更需要耐挫力和高情商

# 资优生不是应该什么都会吗？

## ——让天赋自由，从破除误解开始

“你瞧，前面那个文涌是我的初中同学。”下课时的拥挤走廊上，小霖指着人群中的一个熟悉身影对死党阿棋说：“人家可是资优生欸！你看看他们那一群，走起路来多么有风。”

阿棋察觉到小霖话里的又羡又妒，故意糗他：“那你怎么不过去打招呼？也让我沾个光啊！只会躲在人家背后。”见小霖被说中心声的窘样，阿棋再补上一枪：“你脸红个什么劲啊！”

小霖说：“拜托，他是资优生啊！成绩让人望尘莫及，光芒那么耀眼，我算什么呀？”

“你的意思是说，他的成绩太好，就像你在黑暗中看手机一样，强光照得太亮了，令你不敢直视？”阿棋有些不以为意地说。

见文涌的身影逐渐消失在走廊尽头，小霖下意识地吞了吞口水，复杂的感受涌上心头。

以前就觉得文涌遥不可及，现在上同一所高中，他更觉得文涌像来自另一个智慧星球的人。而自己呢，只是个会用智能手机的平凡地球学生。

“阿棋，你不觉得资优生好神吗？我想，被称做资优的应该都是天才吧！以前我们班上很多人都这么认为。”

小霖竭力强调文涌有多厉害，想要唤起阿棋对资优生的敬畏，这样一来，或许能让自己的自卑感稍获安慰吧！在他的脑海里，浮现出过去班上同学们对于文涌的赞叹。

“比如说数学解题啊，他差不多只要掐指一算，答案就出来了。而且他反应超快，简直就是神回应！每次他问老师问题都好有深度，虽然有时听不懂他在问什么，有点讨厌，但很佩服他有几次差点把老师给考倒。还有他说话会引经据典，信手拈来都是金句！”

大家直觉地以为资优就应该什么都会，对于资优生有着无限美好的想象，小霖也很自然地这么认为。

“我们都相信他一定是过目不忘，拥有超强记忆力，就像装了 24 小时不断电的行车记录仪一样，能巨细无遗地把看到的所有事物都记录下来。他那颗金头脑简直媲美百度百科！只要输入关键字，立刻能出来答案……”

每当聊到这位“聪明一哥”，同学们总是把他捧得像神一样无所不能。小霖就像背书一样熟练地告诉阿棋这些“神迹”。

只见阿棋听得眼睛越瞪越大，他张大了嘴巴，半信半疑地说：“真的还是假的？资优生真的这么天才，什么都会？你不是在开玩笑吧？”

小霖回答：“我才不是开玩笑。大家都这么认为啊！”

## 资优教养的“心”解答

### 别忽视“应该”的暗黑破坏力

聪明、天才、什么都会、能力强……我们的社会长期以来都把资优这种特质神化了。每当提到某个孩子是资优生，家长、老师或同学在羡慕之余，往往也就很“直觉”地认为那是遥不可及的，如同远在天边闪烁的那颗亮眼星星。

于是，顺着这样的“直觉”，孩子的能力“自然而然”被高估了，也让大家有种普遍的误解，以为他们“应该”要有超越水平的好表现，“应该”无所不能，却忽略了这项“应该”的大帽子硬扣给孩子的自我暗示或要求，将对他们内心产生多可怕的破坏力！

孩子需要我们的理解与支持，为此，我们更是必须合理地提醒自己：所谓的资优，并不是指所有能力都是顶级的，当然，也不保证考试成绩都一定最亮眼。

很抱歉，你“直觉”所认为的那种资优生并不存在，那只出现在大家不切实际的想象里。事实上，再怎么天资过人的孩子，也不会每一科都擅长。有人在数理领域享优势，有人语文能力突出，有人擅长音乐，有人则是美术天分胜出。

资优是一种心灵、思考、反应、学习等的突出特质，但并不是一切表现都美好的绝对保证。

## 不要强迫套入框架

对于有天分、有才华的孩子，我们特别容易给他们套上一个坚硬的框架，认为他们既然这么杰出，自然应该会做什么、成为什么。这样的期待就像一种耐烧的烤模，孩子被放了进去，烧成大人所预期的形状或模样。

但是事实上，资优生很难随着你的期待而一体成型。

看待眼前的宝贝，我们要常常提醒自己：孩子有他独立的人格，有他特殊的才能与天赋。这群孩子很难被你强迫塞入框架里，硬要他如何如何。

我们所能做的，就是顺应着他的天赋、他的才能、他的想法与他的意愿，同时，看见他的特殊需求，满足他的特殊需求。

## 过滤掉不合理的期待

许多人都有同样的认识误区，以为没有任何事情难得倒资优的孩子，因为“他那么聪明”。也因此有时候，我们会错误地赋予孩子过度的期待，这点在考试时最常出现，误以为资优就代表每一科都会考得很好。这种不合理的期待，把资优生神化了，让这些孩子背负一些莫须有的关注、评价与压力。

就从我们自己开始，停止制造这些不合理的期待吧！走出误区，看见孩子真实的喜怒哀乐，避免不合理的期待像病毒一般地扩散，才能帮助孩子真正享有“资优”这份珍贵的礼物。

# 资优生都那么完美主义吗？
## ——用“渐变”获取缓冲的机会

那一晚，世伟跟爸妈一起去看电影《爆裂鼓手》。当剧情进行到谢佛音乐学院爵士乐团中，无所不用其极的魔鬼教师弗莱彻对弟子安德鲁极度苛求时，世伟的爸妈不禁打个哆嗦，交换了眼神，接着，眼角余光扫向一旁面无表情地专注盯着银幕的世伟。夫妻俩纳闷地想着：“这孩子到底在想什么？”

“专注完美，近乎苛求”，这句经典广告词，总是使他们联想到世伟在音乐上的自我要求。

其实，当初他们对于儿子是否上音乐资优班就有些纠结。论能力，世伟没话说，从小在钢琴上的造诣与天赋，旁人实在无可企及。但是，他们担心在音乐资优班里，面对同学之间彼此琴艺的竞争，恐怕会更加重儿子过度的自我要求。

更何况他不只对音乐要求完美，在学科方面也不想要落后。这种双重压力，实在令人无法喘息。

追求完美不是坏事，但就怕孩子负荷不了那份压力。

随着钢琴独奏比赛日期的渐渐逼近，世伟过度追求完美的倾向似乎也越来越严重。他们忍不住怀疑：当初让孩子上音乐资优班的决定，是对的吗？

琴房不间断地传来世伟弹奏钢琴的旋律。妈妈发现，他一再重复地弹奏着同一首曲子，甚至情绪性地用力按压琴键，发出的剧烈声响，让人耳朵感到极度不舒服。

她朝琴房探了探头，只见儿子一脸懊恼又失落的表情，并隐约看到黑白琴键上，沾了些世伟指尖上的血迹！这画面让她一时大受惊吓，心想："我的孩子怎么会变成这样？"

她不动声色，小心翼翼地说："世伟啊，你先休息一下，今天就先练习到这里好了。"世伟仿佛没听到这个停止的暗示，依然自顾自地专注弹奏，一直弹，一直弹，但是表情显得相当痛苦，鲜血继续从双手指尖渗出……

"世伟，妈妈觉得你已经弹得很好了，真的是完美无瑕。你就别再苛求自己了！"这是母亲的真心话，但孩子依然不买账。面对世伟的高度自我要求，妈妈实在不知道该如何是好。

他这样力求好表现的态度，让妈妈不禁想到《爆裂鼓手》中弗莱彻那段令人深思的话："在英语里，没有什么比'做得好'更具杀伤力的词汇了。"

的确，每个人的标准并不一样，对于完美的追求也不尽相同。她不了解，世伟的"完美"指的是什么——是完全不能出差错？

还是必须投入自己全部的情感呢？或许，世伟是认为自己有这样的条件达到所想要的完美表现，而那可能是大部分的人都无法企及的。

见世伟不停歇地弹着琴，妈妈一脸茫然地呆站在一旁。

在许多父母的心目中，孩子的表现其实已经非常完美了。但是，到底该不该轻易地满足？每个人的标准不同、努力程度不同，成就自然也有所不同。完美无瑕是好的，不过，就怕孩子招架不了。

我们这个社会太强调完美了。一条完美的绳子，似乎勒住了小孩的脖子。当孩子过度追求完美时，我们做父母的该怎么办？

## 资优教养的“心”解答

### 倾听孩子脑海里的完美戏码

大家眼中顶尖而优秀的孩子们，脑袋瓜里的小剧场到底在演什么？是否有一套剧本在走？是原著剧本？还是改编剧本？

这么说好了，就像电影有许多类型，不同的资优生也有不同的内心世界。一个孩子在自己的剧本里是如何描述完美、对于完美下什么样的定义或注解，在某种程度上，也影响了他对于完美的反应。

而我们这些身旁的大人，是否有给孩子机会，听他诉说脑海里的完美戏码呢？在故事还没说出口之前，记得，先不要评判。当今流行一种“人人都可以当毒舌影评而不需要负责”的观念，这对孩子太残酷了。孩子需要的不是评判。他需要的是你的聆听，真心诚意的聆听。

请提供一个友善、自在的氛围，让孩子愿意和你说说他的头脑中的剧本，谈一谈“完美”这出戏，他自己期待怎么演。

若发现孩子什么都不愿意和你说，请你务必重视这个征兆——这很可能象征你们之间有重大的亲子关系危机。

## 绿叶与红花一样重要

有个观念，亲子双方都需要建立：不管什么角色，都要把它演好。无论是主角或配角，红花、绿叶都得有人称职地扮演。

完美，并不等于都要演主角。

说到最佳女配角，林美秀[1]的名字往往在第一时间浮现在我的脑海。电影里、电视剧中，她总是扮演着配角，特别是妈妈的角色。其实，每一个配角对自己来说都是主角。当你好好扮演了这个角色，演活了这个角色，纵使戏分不多，但因为你的投入与诠释，也会使自己成为舞台上的主角。

我们难免希望自己的孩子能够在舞台上担任主角，并期待着

---

[1] 林美秀：台湾演员、主持人，经常以母亲一角出现在台湾偶像剧中。

他可以充分发挥。假如最终还能上台领取“最佳男／女主角奖”，那更是光耀门楣，集荣耀于一身！

没错，主角的戏分能见度高，很诱人，如果孩子的天赋与能力具备相应的条件，能够获取这样的角色也是好事一桩。但我想说的是，太高的自我要求，有时候会让人把自己压得喘不过气来，面对镜头时很容易失常、退却。

或许，我们可以陪着孩子一起把心态做个调整：让自己先退到配角的身份。戏分先少一点，给自己一些余裕。在合理的目标与角色上，发挥自己的极致、展现自己的能量，优雅演出。

## 解析孩子的“完美说明书”

完美无瑕到底是怎么样的一个境界？在孩子所认知的世界里，那样的境界是否真实存在？

我想，我们不妨先静下心，聆听孩子自己怎么说：他是否有一套“完美说明书”？在这份说明书里，是否有具体的目标、步骤与完成的时间点，还有可能面临的限制和盲点？

同时也要了解：在迈向完美的过程中，孩子与目标之间相距多远？还差多少步？这一点也决定了面对“完美”的要求时，他的抗压性与挫折忍受力。

完不完美，往往存乎自己的一念之间。孩子的脑袋瓜如何去解读，如何针对完美下定义、写程序，相对地决定了完美的震撼威力有多强烈。这也涉及一个人的“耐震度”够不够，以及挫折容忍力是否属于很不稳定的“土壤液化”状态。而一旦未臻完美，所引发的“地震”是深层还是浅层？强度是多少？

资优生的“完美说明书”内容到底是什么？孩子是否愿意揭开这谜样的内容？只要他愿意脱口说出，至少多了一个人知道，也就是多了一份陪伴与支持。假如我们同时有提出意见的机会，那就更漂亮了。

## 给完美一个缓冲的机会

孩子有完美主义，到底是好还是坏？这一点仍有待讨论。

与其在完美这一点上打转，我们倒不如来思考：当事情并没有像孩子预期的那样发展时，对于他的冲击会是如何？一个孩子，是否有足够的抗压能力可以负荷？

不完美会怎么样？我想，先不要把这个议题抛到“完美／不完美”的二分世界，事情一旦到了非黑即白的地步，往往变得很恼人。

何不这样思考呢？我们可以让走向完美这条路有个“渐变”的缓冲：一步一步来，少安毋躁。这不应该是一翻两瞪眼的选项。“100%”看似诱人，但是，85%至99%之间，也有它诱人的地方。

面对完美，孩子需要练习合理的自我察觉。如果对自己都不近情理，那就太不够意思了。孩子需要学习爱自己、善待自己，并且对自己好一些。

如何善待自己呢？爸爸或妈妈，请你和孩子一起头脑风暴，具体列举出来吧！孩子有如此优异的天赋，也会有能力将善待自己的方式列举出来。

但是请别误会，这不是说必须从此要求孩子不完美！别忘了，完美不是一道开关，我把它看成是一个渐进的过程。

有层次的美感，能给人一些优游自在的余地。多一些层次，也多了一些喘息。

# 资优生都那么在意输赢吗？

## ——布下安全网，化解得失心

那一年，我在初中以第一名的优异成绩毕业，还得到了人人称羡的“县长奖”。

也是那一年，台湾北区高中联考满分 700 分，最低录取分数线是 512 分，我就刚刚好以 512 分上了最后一个志愿。然而，最尴尬的是，我们班上好多比我排名低的人，都上了第二志愿、第三志愿……对于当年第一名毕业却在联考中垫底的我来说，情何以堪！也因此，我没有选择继续读高中，转而去读五专[1]。

班上第一名毕业，却在联考垫底成最后一名——这个难堪的经历，让年少的我对于排名的得失变得相当敏感，也因此尝了数十年苦果。“比较”的想法把我的心搅动得纷乱不安，使我如履薄冰，苦恼也不时浮现心上。

[1] 五专：五年制专科学校。

我经常在演讲时跟听众们分享这件事。有一回在一所中学的教学楼，与台北市资优生家长和老师进行座谈，现场有位妈妈听了之后，问我：

“老师，你初中是读哪个学校？”

顿时，我心中感到一阵尴尬。我知道家长想说的是：“你所谓的班上第一名，跟你读哪个初中可是有很大的差别！”的确，对于并非读明星初中的我来说，所谓的第一名好像也不过如此，拿到其他学校去比较，可能还排在遥远的后头。

不过，正是由于自己曾经在排名钢索上重重跌落，患得患失了好多年，让我特别想到，常常被别人比分数、拿排名作文章的资优生呢？面对那种捉对厮杀般的惨烈，说不会患得患失，还真的没人相信。

“孩子，你就别再这么比较了嘛！”爸妈的心在呐喊着。望着自己的孩子每天盯着全班的模拟考成绩单，仔细比较各科的排名，为此茶不思饭不想的，哪个做爸妈的会不担忧。

其实，为人父母的内心也矛盾着，若说自己不在乎成绩表现，似乎又说不过去。我们常常告诉孩子：“排名没有意义。”但是，谁相信？别说孩子听不进去了，连我们大人都很难说服自己。

而学校可以说是始作俑者，论排名，强调名次。尤其在高手如云的资优班里，只不过差个几分，名次往往差个好几名！孩子的得失心不重也难。

身为资优生的父母，心情也没有好到哪里去。不仅孩子每天被这些分数搞得神经兮兮，有时连爸妈也一样遭殃。

“每次看到孩子战战兢兢地在查分数、看自己是第几名，如果不如他自己的预期，他的情绪马上跌落谷底，接下来，做什么事情都没劲，话也不说，甚至还失眠、食欲不振，真的令人好心疼……”

面对患得患失的孩子，爸妈要如何协助他找回自信，摆脱竞争和分数的束缚，重新认识自己的天赋优势呢？

## 资优教养的“心”解答

### 品尝与享受过程的酸甜苦辣

要陪伴孩子以正确的心态面对竞争，首先，父母、老师不要只看结果。虽然我们都期待事情有好结果，但是“过程”更重要。

这句话说起来容易，做起来其实相当困难。不过，有个小技巧可以尝试，那就是：让孩子真正体会到“过程所带来的乐趣与惊喜”。

不妨这么想：一场棒球比赛共有九局，很少见过有哪支队伍从第一局赢到第九局的。

更何况，人生不是只有九局，最后胜负的结果都不知道在多少年后呢！出了社会，谁还管你资优不资优？适者生存，竞争就各凭本事了。

我们可以分享自己的经验，带着孩子跟我们一起回头慢慢品味，提醒他去发现，“打棒球”的乐趣就在过程里。

人生，不会因为一局的落败就崩塌。

## 得失心是一种渐变的概念

不管对任何人来说，“得失心”都是一道难以跨越的关卡。我喜欢把得失心看成一种“渐变”的概念，无论是形状的渐变或色彩的渐变都可以。这种看待得失的渐变心理，有助于孩子摆脱像开关式的绝对输赢心态。

让孩子发挥关于得与失的想象，这一点对资优生来说不成问题。

就像渐变能给人带来活泼、轻快或舒缓的感觉，无论色泽渐渐变浓或转淡，渐变的想象，多少可以唤起孩子内心一些和缓的、渐进式的改变。

## 给排名一个新的定义

回到现实中来，在高中，在高手云集的“实验班”“火箭班”等各种资优班里，往往原始分数才差几分，名次就拉开很大的差距。

这种跳跃的排名到底有什么意义？我们不妨先听听孩子怎么说，鼓励孩子透过这种表达想法的思考、认知过程，练习自己给“名次”一个新的定义。

没有人可以永远站在浪头上。令冲浪者着迷的，或许是冲上浪头那一瞬间带来的难以言喻的快感，然而，有经验的冲浪者也明白，上了浪头之后就有下去的一刻，起伏是自然的。

2016 年的里约奥运会，新加坡泳将斯库林爆冷门击败美国“飞鱼”菲尔普斯、获得男子 100 米蝶泳金牌的新闻，令人印象深刻。

斯库林曾在 2008 年北京奥运会跟偶像菲尔普斯合照，当时的他只有 13 岁。后来虽然参加过 2012 年伦敦奥运会 200 米蝶泳，但在预赛时就遭淘汰，无缘跟偶像同场较量。4 年后的里约奥运会，斯库林在男子 100 米蝶泳中击败 31 岁的“飞鱼”，漂亮地夺下金牌，用最佳的表现向偶像致敬。（资料来源某新闻网站。）

没有人的成绩表现可以一直在浪头上，毕竟，后浪也是很强劲的。关于这一点，菲尔普斯与斯库林做了完美的诠释。

## 布下确保的安全网

更进一步地，可以引导孩子在看待排名时，练习从“点”调整为“范围”，例如：从第一名、第五名、第八名等，调整为前三名、前五名、前十名。

如此一来，只要落在这个安全网的区间里，即使表现没有达到预期，但仍然在自己可以承受的范围内，心理上至少舒坦些。

## 厘清“竞争”的观念

你是如何看待“竞争”的呢？要知道，这也会影响你的孩子对于竞争的看法。

无论在学校里或社会上，竞争都是很自然的一件事，并且难免激起我们想要一较高下的念头。但是，我们不需要刻意去比较，要知道，眼前出现的这位可敬对手有助于你们彼此相辅相成，增进能力。

若父母在面对竞争对手时，只专注去看对方的不足之处，想着要超越对方，影响所及，孩子也会把这种偏颇的比较心理视为理所当然。然而，在一时的竞争中胜出，只不过是满足了大人虚无的成就感。久而久之，孩子可能会出现如此的疑问：

“难道我的成就感一定要建立在别人的失败上吗？难道我不能享受因求知而带来的成就与愉悦感吗？赢别人，到底有什么意义？到底干我什么事？”

求知是很个人的一件事情。赢了别人又如何？难道就不能只是享受求知所带来的快乐？

当然可以。竞争的重点不在于赢过对方，而是胜过自己。

## 适度善待自己

资优生的自我期许，比一般孩子来得相对要高。自我期许不见得是坏事，但是要看是否合理。适度的自我期许，能够鼓舞孩子充分展现天赋与能力。

在“资优班”，不仅看排名、谈 PR 值[1]，也论分数。资优生本身很敏感，在高中“资优班”里，这些事情变得更为敏感，孩子们会更注意去比较排名。因此如何引导孩子学习“适度”，是一个重要课题。孩子需要适度地善待自己。

## 耐心地转移孩子的注意力

想要转移孩子的注意力，一开始是没办法像火车轨道的转辙器那样切换自如的。注意力的转换，需要一次又一次、一次又一次，如不间断的系统般运转，慢慢地让孩子转换注意的重点。

当孩子把心思锁定在排名上时，往往就看不到其他事物，名次的波动就像鱼钩钩住了他这条大鱼，不时拉扯、牵动着他

[1] PR 值：又称为百分等级（Percentile Rank），即指一名考生的成绩超过多少百分比的考生。PR 值越高的学生，该次的考试分数越高。例如：若某位考生的 PR 值为 95，即表示该生的分数高于该次测验所有覆盖地区中约 95% 的考生。

的思绪。

拔下鱼钩时，动作得轻缓，免得伤害了鱼儿的嘴。同样的道理，要让孩子转移注意力，我们得付出耐心，一切都急不得。

## 欣赏对方如何达成目标

“不要在乎排名。”爸爸妈妈们，这句话放在心里，会比直接对孩子脱口说出要好些。

排名有其参考的重要性，孩子多少可借此来了解自己的实力、付出、努力成果，以及与周遭他人之间的关系。

此外，我们也可以利用排名，引导孩子试着欣赏胜者如何达成目标。纯欣赏、不嫉妒，对于孩子的得失心是一项重大的挑战，却也是必要的学习过程。

# 资优生都那么敏感吗？

## ——少批判，引导孩子把情绪说出口

“爱哭娟”！娟娟的这个绰号，在她班上同学与社区邻居之间流传。这三个字，不但娟娟本人不爱听，她爸妈听到了也是眉头深锁，不知道该如何是好。有时，娟娟人都还没进家门，哭声就已经传遍整栋大楼。

这一天还是老样子，娟娟又是号啕大哭着回家。凄厉、刺耳的哭声，让妈妈的心再度揪了起来。

“娟娟，你怎么了？发生了什么事？先别哭，有话好好说。”妈妈的手轻轻搭着她的肩膀，试图安慰她。但娟娟哭得像个泪人儿，完全没有暂停的迹象。

妈妈常觉得自己心有余而力不足，不知该怎么安抚这个敏感的孩子。

“娟娟，不要净是哭嘛！心里有什么事、有什么委屈就说出来。你不讲，妈妈不知道你怎么了。”妈妈心急了。

娟娟边啜泣边说着："班上同学根本不把我当成是他们中的一员！每次我从资优班上完课，回到原班教室，大家都不理我，把我当成陌生人似的。还有，我很讨厌子彦和小龙！他们干吗每次都爱欺负文文、闹文文，把她弄得好烦。男生应该要保护女生，怎么可以让女生心里受伤。更何况，文文根本不想和他们两个臭男生玩啊！"

听到娟娟哭诉自己被排挤，妈妈好心疼，她可以想象娟娟因为上资优班，少上了一些原来班级的课，和原班同学少了一些交集，彼此也容易生疏，所以她在班上很容易被当成是客人，这样一定让人很难过。

但是她实在不懂，子彦和小龙欺负文文的事跟娟娟有什么关系？她有必要那么在意，哭成这样吗？

妈妈想到老师多次私下给她发短信，向他们夫妻俩反映：

娟娟这孩子，只要看到别人哭，她就忍不住哭，而且往往哭得比对方更惨，好像自己才是当事人一样。

娟娟真的是过度敏感了。很多事情根本和她没关系，她常常哭得令人莫名其妙，让班上同学觉得她太夸张、太离谱。我担心这样下去，只会使周围的人更不敢接近她，令她被同学们疏远。

我也不知道她为什么这样愤世嫉俗。许多事情，她真的不需要反应这么强烈！这样太辛苦，也太累了。她这么过度激动，是很容易受到伤害的。

每当读到老师这些掺杂抱怨的信息，娟娟的爸妈都不禁困惑："这孩子到底怎么了？难道这种细腻与敏感是资优生的情感宿命？"

## 资优教养的"心"解答

### 留意孩子的"情绪过敏原"

孩子的心思细腻，到底是好事，还是坏事？的确，许多父母都为此感到两难。

心思细腻，看待事物往往更敏锐，而具有资优特质的孩子，心思更如同丝绸般细腻。

只不过，当孩子的心思太过纤细，这份敏感有时也很容易像过敏原般，让周遭他人产生不舒服的反应。

敏感不是坏事，需要分辨的是孩子看待事情的角度。太负面，容易碍事；若能维持正向观点，反而可以让情况更顺利。

我们要留意的是，孩子过度激动的情绪很容易直接传递出去，让周围的人招架不住。有时对于别人不经意的一句话或一个动作，他却往往反应过度而惊吓到对方，导致对方想与他保持距离。

为了减少敏感特质对生活带来的负面影响，父母不妨陪伴孩子进行一项“自我觉察”的练习，那就是：什么事情容易导致孩子“情绪过敏”？

例如：他是否相当在乎别人的反应？他是否很在意表现没有达到自己的预期？在人际关系上，他是否被排挤？对于某些特定的话语，他是否过于敏感，或者容易过度解释？他是否感到心理的某些需求没有被满足？……

每个孩子都有个别差异，请你试着找出专属于自己小孩的情绪过敏原。同时，进一步思考孩子的情绪过敏是否合理。

## 能说出口，就是好事

当周围没有人可以了解自己到底在想什么时，会让人有一股想要躲进自己世界里的冲动。

所以，很重要的一点是：协助孩子不再隐藏情绪。引导他说出来，但不要批判。有时候，我们的批判会让他把话再收回去，继续压抑自己的情绪。

资优的孩子尤其容易掩饰自己的心情，特别是当他发现自己的想法似乎不被理解时。

引导孩子表达出他的感觉。能够说出来，终究是一件好事。同时，我们可以仔细观察，孩子是否容易从沮丧的心情中平复下来。

## 情绪管理是一种必要修炼

“情绪管理”一定得列入所有资优生的必修课程！

不要以为资优生很聪明，情绪管理不需要教也自然而然就能学会。我要强调一件事：数理资优不等于情绪管理资优，语文资优也不等于情绪管理资优。

情绪管理是一堂必须学习的课。正因为孩子享有先天优势，只要有教，就可以学得非常快、非常好，父母和老师更应该重视这门学问的教导。

假如放任不管，一旦孩子的情绪管理出了问题，就像船撞上了暗礁，再资优的“泰坦尼克号”也会沉船。

第一步，是让孩子在心态上有弹性，而首先，父母得先从自己的身教开始，凡事要学习变通。不一定得遵循什么样的模式或道理，多一些选择的弹性，也是关于抗压的最佳练习。

## 激动情绪的无条件接纳

相对于其他的孩子来说，资优生的情绪反应明显倾向于过度激动。这一点常给周遭的人带来压力，因为不知道该如何对待他。反应强烈的小孩，对于事物的敏感度非常高，但往往会炙热地烫到旁人。

强烈的情绪有时就像龙卷风一样，席卷了他的脑海，覆盖了脑中的知识数据库，让他完全无法思考，无法去想象。这样的经验很容易让他感到心里慌乱。

每当这种时候，父母亲能做的，就是无条件地接纳孩子过度激动的情绪。毕竟，这也是属于他的一部分。

## 少批判，多正向肯定

面对敏感的孩子，建议平时尽可能减少过度的负面提醒、叮咛、指责、纠正和批评。这些太“咸”（过度严厉）、“油炸”（容易燃起冲突）的说话方式，很容易让敏感又过度激动的孩子暴跳如雷。听得太多，对情绪的稳定性是很容易产生副作用的。

多多地正向肯定。同时，若你的每一句正向肯定都具体陈述了孩子的表现，将很容易让他在脑海中形成动态的画面，觉得自己被肯定了，更强化了自己所“拥有”的能力。同时，也让他多了些自信，看到自己优秀的方面。

## 别老是只肯定课业表现

父母往往容易针对课业表现谈条件、开支票或给甜头吃，以为只要给孩子甜滋滋的迷人诱惑，他就会铆足劲儿来奋发向上，达到我们想象中资优生应该要有的表现。

大人爱给“糖”，然而，“期待”“条件交换”等人工添加物的糖分摄取太多，对于孩子的身心健康并非好事。

一旦发现大人过度在意某一项成绩表现，孩子就很容易被引导在“那一项”中寻找自己的亮点，导致对于分数、名次锱铢必较，从而给情绪的稳定带来纷扰。

# 一遇到挫折，资优生就容易抓狂？

## ——教孩子学习合理地对待自己

“啊！……啊！……”房间传出一阵凄厉的叫声，不时伴随着猛力敲打桌面发出的“咚咚咚”声响。这一连串的声音让客厅里的妈妈吓了一大跳。

这不是第一次发生了。

妈妈小心翼翼地敲了敲门，随后转动了房门把手。门开后，她探探头，触目所及是散落一地的碎纸，以及孩子在书桌前歇斯底里的背影。

“怎么了？你先不要激动……”妈妈上前，看见孩子紧握的双拳止不住地抖动，冒出了明显的青筋。她弯下腰，一一捡拾着地上的碎纸，讶异地发现那竟是最近一次的模拟考卷。

她试着出声安抚：“你怎么把模拟考卷撕成这样呢？一次考试而已，别这么在意嘛！”但孩子完全不理会，继续激烈地敲打着桌子，用力扭动的脸庞把她吓坏了。

“再努力就行了啊！更何况，这回你其实考得不错……”

她话还没说完，孩子就用力把她推出房间，大吼：“出去！你给我出去！”

那股力道让妈妈感觉到背上隐隐作痛，她无奈也无力地说：“好，好，我出去，你的动作也轻一点呀！”

这孩子的成绩表现已经十分亮眼了，但他就是死心眼，给了自己极高的分数标准，那就像是高耸上云端的标杆一样。

“不需要这样的，真的，不需要这样……”妈妈喃喃自语着。

她不知道该如何让孩子学习面对这些“微不足道”的挫折。或许，对孩子来说，这几分的落差就像马里亚纳海沟一般地深。

“我到底该怎么办才好？”做母亲的她感到不知所措。孩子的挫折忍受力是否真的很差？我们是否对他存有过度期待？他是否高估了自己的能力，觉得自己无所不能？所以当没能达标时，他就被挫折感压垮了。

“不到一百，就是零”，这种全有或全无的想法，对于资优生尤其具有杀伤力，仿佛人生只有一种总开关模式，不是输，就是赢。

请你留意，孩子的挫折忍受力是否常常处在这种“ON/OFF”的输赢模式。建议定期安检，以策安全。

## 资优教养的“心”解答

### 别让大人的情绪反应，成为孩子的挫折来源

在功课上，大人很爱为孩子加油、打气。但是我在此要提醒父母、老师，请别成为孩子生活中一座又一座的天然气加压站，这很容易变成不定时炸弹，随时都可能引爆孩子的剧烈挫折感。

守则一：“严禁烟火”。父母的情绪反应，很容易对孩子形成莫名的压力，同时燃起他心中的挫折感。

守则二：“闲人勿进”。有时，旁边不相干的人说些冷言冷语或给些聒噪建议，也可能引发当事人的挫折感。

### 走在一条失败的大道上

失败大道，是通往成功的必经路途。

当然没有人爱走这条路，但是，每个人都非得走上几趟不可，别想绕路。在学习之路上，无论孩子如何在大街小巷穿梭，都仍然会通往这条看似充满荆棘、泥泞与碎石，处处颠簸、难以行走的道路。

并不是每件事情都可以很顺利就成功的——这是我们在上路前，所需要抱持的心态。而走上这条路之后的命运关键，则在于你和孩子如何看待眼前面临的失败。

事情没有按照自己的预期进行，很容易使人产生沮丧的感觉。孩子对自己有期待，只是这个期待不一定符合他相对的能力。

可是，哪有每一件事情都能成功的呢？若是如此，那眼前的事物将变得索然无味。何况当预期每一件事情都会成功时，失败一出现，那种期待与失望的落差将使人难以忍受。

我们需要和孩子一起面对“失败”。从失败中，去获取未来弹起的动力。

## 往挫折的方向前进

要提升挫折忍受力，有个不变的真理，那就是：往挫折的方向前进！

折返、后退或裹足不前，对当事人来说，的确可以换来片刻的舒缓，使焦虑降低了，压力缓解了，毕竟暂时不用去面对那难耐的压力源。

但没有去面对，问题还是在那边。

没看见、没靠近，不表示问题就已解决。

始终站在原地打转，不愿意跨步靠近压力源，挫折忍受力的积分并不会因此而增加。

不过，面对压力难免会让孩子感到焦虑、恐惧。那怎么办呢？“一步一步来”是个可以考虑的方法，教孩子给自己设一个止损点，见好就收，合理地对待自己，借此慢慢累积面临挫折时的抗压能力。

## 想象力的双刃剑

人们对事情的反应，有一大部分都取决于自己的“想象”。资优孩子的想象力更是丰富得无边无际。

想象力有时候像双刃剑。孩子可以在自己的“脑内小剧场”上演惊悚片、鬼片，用他无限的编剧功力，编写出一幕又一幕的场景，把自己吓得毛发竖立、心跳加速和呼吸急促。

剧本写得越恐怖，越会使人想逃避眼前的压力源，挫折忍受力也越会被冻结。

不要自己吓自己。换个戏码，重编剧本吧！

来部励志片，如何？

## 设定合理的目标

天上的星星很耀眼，躺在草坪上仰望星空，单单欣赏就很令人陶醉。但是，若想要跳上天去抓取星星，不管怎么跳，往往都够不着，常常跳着跳着，人累了，心也灰了，接着就感到挫败不堪了……

星星闪烁很迷人，但它终究远在天边。所以，回到现实吧！

想要达到的目标必须是合理的。这一点要放在心里，不时告诉自己。孩子可以有合理仿效的目标人物。建议你和孩子一起厘清那个目标人物会不会太高大。

孩子很容易会觉得别人很厉害，因为他已经习惯去看待对方厉害之处，这没有关系。问题在于，资优的孩子很容易把一丁点儿的小事无限放大。当他看着别人有多厉害时，往往会马上想到自己有多糟糕，并且加以放大，越看越不顺眼。如此的无限放大是会失焦的，反而让当事人更看不清楚自己。

因此，一切的目标都要以“合理”为最高原则。

# 资优生陷入了忧郁黑洞，怎么办？

## ——首先，闭上嘴，静静地陪伴

有同学发现，以往一向爱嘟嘴自拍的小菲，脸谱网的内容一直停留在两个月前没有更新，而且发给她的许多信息都显示“已读”，却始终不见她回复。在教室里，也总是见她一个人落寞地坐在座位上，有时比较亲密的同学过去找她，却遇上她一脸淡然的神情，让这群好朋友不知所措。

“小菲，你怎么了？”“开心一点嘛！”“有什么话就说出来啊！”

同学们试着安慰她，她却莫名地开始掉泪。

班主任也认为小菲不对劲。几次与她进行一对一谈话，她都不发一语，或眼神呆滞，或眼眶湿润。更明显的表现是，小菲的学业成绩在这段时间里明显下滑。班主任认为需要转至心理辅导室，因为小菲的状况已经超出她本人专业所能解决的范围。

爸妈也发现小菲不对劲，她总是心情沉重，不再笑了，也没什么活力。

忧郁就像一朵乌云，不请自来，滞留在孩子心头，遮蔽了孩子心中的阳光，并且久久挥之不去。

小菲有时会躲在房间里，不停地边哭边喃喃自语，隐约可以听见她在自责："都是我的错，都是我的错！我怎么会那么糟糕、那么差劲，总是说些老师不爱听的话，害我们这一组成绩被抛到最后。同组同学怪我是应该的，不和我说话、讨厌我也是我自找的。难怪我常常听见他们说我爱表现，和班上的人格格不入。我在这个班上是多余的，我不属于这里……"

这股忧郁，让小菲在日常生活中，渐渐对周遭事物失去了以往的关注与兴趣，换来的是低落的情绪、疲惫的身心以及活力与动力的丧失。她变得思维迟钝、动作缓慢、专注力涣散，老是犹豫不决，越来越不像原本的自己。此外，她不是失眠，就是变得嗜睡，没有食欲，体重明显减轻。心中的想法染上了灰蒙蒙的一片，有强烈罪恶感、无价值感，自我贬抑或伤害自己的负面想法也不时浮现。

但事实上，班上同学们对小菲是很友好的。

忧郁虽然非资优生的专利，但忧郁，找上了这个资优女孩。

如何陪伴孩子面对忧郁，是现代父母的一项重要课题，家有资优生的家长更要留意。

## 资优教养的“心”解答

### 有些话，不要说

对于陷入了忧郁情绪的孩子，周围的人通常会这么劝说：

“你想太多了。”“看开一点嘛！”“有那么严重吗？”“放轻松一点嘛！”“你已经过得很好了，还有很多人情况比你更糟糕。”……

我明白，这些话都是有心想帮忙，无意让当事人心情更糟。

但是，这些轻易说出口的话，对于忧郁的孩子来说，反而成了一种不能承受之“重”。越是如此劝说，越会适得其反。

### 少指责，少批评

请记得，没有人喜欢让自己陷入忧郁的泥淖里，久久无法自拔。

忧郁既非孩子所愿，低落的情绪也非他自己能够摆脱。指责、批评或怪罪是无济于事的。

忧郁的孩子，容易过度聚焦于对自己不利的负向思考。旁人的负向刺激只是雪上加霜，让问题更难解。

## 陪伴，静静地陪伴

有时，忧郁的孩子需要的是我们在一旁静静地陪伴，让他感受到我们的关心与贴心。

只需要静静地在一旁陪着他，眼神专注在他身上，身体靠近他，适时地拍拍他，或是搭肩、拥抱，让他感受到我们触摸与关心的温度，这就是一股相当有力量的支持。

## 忧郁是自然的存在

忧郁的人很容易陷入一种罪恶感，忍不住自责："为什么我无法挥去这些乌云与阴影？"

请试着让孩子了解，忧郁的情绪对于每个人来说，都是很自然的一种存在。如此灰蒙蒙的想法并非只有他有，在许多人的脑海里都会出现。

关键在于：自己要让这些负向的想法存在心里多久？要让它们影响自己到什么程度？

## 接纳孩子的情绪

忧郁的人容易出现易怒、歇斯底里、痛哭，或旁人无法理解的强烈情绪。请你提醒自己，这些并非孩子自己所愿，也非他所能控制。在合理的范围内（不伤害自己与他人的前提下），请接纳孩子的这些情绪。但同时也要注意观察孩子的反应是否存在着危险性。

必要时，请进一步寻求心理专业人员的帮助，例如：精神科、临床心理医生或心理咨询师等，以陪伴孩子走过这段忧郁的生命之路。

## 同理[1]孩子的忧郁感受

面对深陷忧郁的孩子，让我们试着转换一下角色，帮孩子说说他的感觉，试着去感受这些乌云的笼罩让当事人有多么难受。你也可以回想看看自己过往曾出现的类似感受。

例如：“妈妈感觉得到你心里有许多话想说，但似乎又提不起劲，甚至不知道该如何开口。我想，你自己可能也想要赶快挣脱这种沉重感，却又不知道该怎么做。这种闷闷不乐的感觉，令你很难忍受吧……”

但同时请提醒自己，避免将自己的想法强加在孩子身上，甚至于否定他的想法，这样反而会让孩子更深地缩回忧郁之洞里。

[1] 同理：在这里指“设身处地地理解”“共感”“共情”。泛指心理换位、将心比心，亦即设身处地地对他人的情绪和情感的认知性的觉知、把握与理解。

## 保持规律的生活节奏

协助孩子维持日常的生活节奏，陪伴他维持规律作息，像轨道般稳定地运行，让他感受到仍然在运转的动力与元气。

我们提供选择，并协助孩子练习做决定。

忧郁的情绪往往使人举棋不定、思维迟钝、难以抉择。因此，要以“有限”的选择范围，让孩子从二选一、三选一中，尝试做出决定。这对于打破易使人犹豫不决的忧郁情绪有很好的作用。

## 为你的孩子量身打造缓解忧郁的方法

陪伴孩子一起体验生活中的事物，对于帮助他摆脱忧郁有积极的效用。

纾解情绪的方式因人而异，试着找出适合自己小孩的方法吧！而这需要你平时对于他有足够的观察与了解。

和孩子一起听听音乐、看看电影、吹吹风、散散步，陪伴他一起抬头看看蓝蓝的天空或夜里的星辰，让注意力有地方转移。和孩子一起从事他先前喜欢的活动，帮他找回过往对于那项活动的热情。

虽然在这段忧郁期，他可能显现出无精打采的模样，但请你给他一些时间，让他慢慢地调适，别急着要他立即就振作或恢复先前的光彩。

慢慢来，每一步的跨出，都是一种改变。

当他愿意走出房间、踏出家门，当他主动提及自己想做的事……这时，你的参与和陪伴，对他来说就是一股有力的支持。

别强迫孩子一定要怎么做，或者一定要照你的意思做。请提醒自己：勉强只会碍事。

# 如何避免资优生自我伤害？

## ——多分享，少说理；多分享，少要求

"'成绩变差害死我'，初二生自杀！"

斗大的新闻标题吸引了子强爸爸的注意，他点开新闻网页，一字一句细细阅读起来。一个正值青春年少的生命陨灭，读来令人感到不胜唏嘘。新闻里的那孩子把脚踏车停在公园里的一个小山坡下，到了山坡上，用自备的绳索上吊自杀，留下了一张"成绩变差害死我"的字条……

子强爸爸忍不住想："如果一切可以倒带，或许在某个时间点上，有人做了一些事，这个初二的孩子就能……"

但残酷的是，时光无法倒带，生命无法重来。

新闻里的孩子，就如同寻常的邻家男孩。这也让子强爸爸想到儿子子强，他已经高中了，是语文资优生。

针对新闻事件的分享与讨论，是父子俩最为贴心与交心的互动。这种关于某个话题的对谈和沟通，也是他与子强了解彼此的

最佳途径。

“当穿着制服的那孩子决定把脚踏车停在公园的山坡下，生命在那一瞬间，似乎做出了选择。或许在那时，他觉得自己别无选择了。那种感受，不知是无助、害怕、恐惧，还是心如止水。那最后一段路，他一定走得很孤单……”

爸爸试着去理解那个初中男孩在生命最后时刻的心情与感受。接着，他向子强抛出了一连串的“假如”。

“子强，假如那个初中生决定走回他的脚踏车，假如他再度骑在上面，假如他决定往学校的方向骑去，假如……”

“要让这些‘假如’实现，除非他在当时那瞬间闪过这些念头。”子强思考了一下，开口说，“但这一念之间的逆转很不容易。在他独自一个人面对脑海里的负面想法时，需要有很强烈的正向念头出现来对抗，那是一场生死之间的对峙。可是，负面的思想充斥在他的脑海，我想，他在当时一定感到孤苦无依吧。”

子强对于事情的看法很成熟，这点是爸爸一直欣赏并珍惜的。他望着子强，想到了那个与自己的孩子年纪相仿却命运迥异的初中生，不禁心疼地说：

“事件的结局真的很令人伤感。那个初中生最后决定往前走，离他熟悉的脚踏车越来越远。我想在那时，他一定很无助，可是却像陷入被蜘蛛网纠缠的困境一样，脱不了身。假如孩子的身旁有一个人可以倾听他的声音，不管是父母、老师、同学、朋友，或是专业的心理救助人员，或许，就会有不同的结局……”

时光无法倒流。为了不让同样的悲剧再发生，我们必须想办法预防。

试想，当父母面对孩子自我伤害，撞见他拿着美工刀，往手腕上一刀一刀划下去时，除了感到震惊、错愕，多少也带着些怒气。气什么？气孩子为什么如此不懂事！气孩子为什么不懂得“身体发肤，受之父母，不敢毁伤”！气孩子为什么这么傻！

会有这些反应很自然，但是我们不能被一时的情绪蒙蔽了，因为关于自我伤害行为的原因，我们仍然百思不得其解——在割腕、捶墙、撞头、划破皮肤、咬伤自己等行为的背后，到底隐藏着什么样的信息？

面对孩子令人担心的自我伤害行为，父母又该如何应对？

## 资优教养的“心”解答

### 成为孩子倾诉的对象

孩子被逼到伤害自己的角落里，可能出于这些因素：对于自身学业的看法、感受，及所面临的困顿；在同侪、友伴之间被质疑、受委屈或常感疏离；自己与周遭之间的关系出了问题……

对孩子来说，要找到一个愿意倾听自己，并且敏锐觉察到自己有倾听需求的人，并不容易。这当中涉及亲子之间的信任、亲子关系的亲疏，以及我们对于孩子的了解程度。

再次提醒你：孩子不说，不表示他没事。

不过，“说话”真的不是孩子所擅长的，特别是内心里那些难以出口的话。

我们难免期待孩子有话可以向自己说，但是许多父母的疑惑与为难也在此——孩子明明心里有事，却不愿意跟我们倾诉。

在辅导自我伤害的孩子的经验中，我经常遇到一种尴尬的状况：父母往往是最后一个知道孩子在伤害自己的人。往前追溯孩子自我伤害的历程，会发现他们很可能在小学四五年级就已经出现这些行为了，但遗憾的是父母并不了解，甚至完全不知情。

如果孩子不愿意跟你说，那么，至少要有一个值得他信任的人可以让他开口，无论是同侪、朋友、手足或老师都可以。只要说出口，多少有助于让自我伤害的念头长期滞留在远方；有倾诉的对象，就可以避免自我伤害朝孩子而来。

如果你期待自己可以成为孩子倾诉的对象，那么，请你平时先多跟孩子说话。多分享，少说理；多分享，少要求。

有了你的示范，孩子心里有状况时，才知道该如何跟你说，也才愿意对你说。

## 孩子需要你的支持与陪伴

面对自我伤害的孩子，父母很容易乱了阵脚。特别是当我们自己的思绪还很混乱时，更容易急着想逼孩子说出个所以然来。

但是，请提醒自己：这时的孩子或许也处在茫然、失措、无法思考的一片混沌中。

先别急着追问或要求孩子给什么解释；此刻，父母的话也不宜多。在安全的考量下，先拿走孩子可能用来自我伤害的物品，例如美工刀；或引导他远离墙壁以防他再度撞墙。这时，请多运用身体的靠近、搭肩、拥抱或握手等方式，轻轻安抚。试着将你的关心，透过触觉传达给孩子，让他感受到有你陪伴与支持的温度。

如果孩子愿意讲，请你试着先多听、少说，先让孩子激动、焦躁与不安的心，平静下来。

## 让孩子从你身上，感受到恒温的关注

陷入困境的孩子步伐凌乱，可能以明示、暗示的方式，或者不知所措，或者发出微弱的声音，抛出代表着求救的信号。

其实，在找到解决问题的出口之前，他一直在矛盾地挣扎着。

这时的他，需要我们给予“恒温”的关注：靠近的温度，聆听的温度，身体轻轻触碰的温度。

处于无助状态下的孩子，正需要如此的温度，在彼此的心灵交会中，慢慢地，慢慢地，维持恒温。

## 留意孩子心中的“红色预警”

心灵受困的孩子，内在就像达到了非常严重的空气污染“红色预警”，让他的情绪咳个不停、喘不过气，甚至难以呼吸。但我们要明白，这些存于心中的无价值感、无意义感与绝望感等，并非孩子自己所愿。

请勿批判，莫予以指责。

先试着接纳与尊重他情非得已的想法，关注他的感受，再进一步陪伴他，走出这道难关，摆脱困境。

## 请勿套上道德的枷锁

的确，没有父母能够接受孩子自我伤害。但是，面对眼前已然造成的伤害状况，“你知不知道这么做让我们多伤心？我们这么多年辛苦地抚养你、照顾你，你竟然如此……”类似的话，显然是不宜说的。

道德的枷锁，只会让眼前的孩子情绪更加受困，觉得“爸妈真的不了解我”，道德的压力也会压得他心头更加沉重。

## 觉察自我伤害的讯息

在陪伴过程中，请启动敏感与细腻的觉察力，思索孩子自我伤害的可能缘由。

有时，可能来自于他的冲动性，或不知道该如何解决眼前问题的困境。

有时，则与心理上的忧郁、躁郁情绪有关。

有的孩子透过“痛”，来证明自己的存在。

有些人则是情绪勒索，想要让对方妥协。

还有一些人，是期待有更多的关爱与注意回到自己身上。

面对孩子以自我伤害寻求解套的做法，必须找到解开他的“困境”的钥匙。而这一点也考验着父母：对于自己的孩子过往的生活及成长经验，你有多了解？

## 自我伤害的替代方案

自我伤害是孩子寻求解决问题的一种方式。然而，若形成极端的自杀，那将成为无法挽回的遗憾。

有些孩子进行自我伤害，或许并没有想要结束自己生命的意图。但是这种刻意伤害自己的方法，多少意味着他对于眼前的状况感到不知所措，找不到另一个合适的出口。

在孩子情绪缓和下来，且愿意与父母对话之后，我们可以给予协助，引导他思考类似这样的问题：“除了拿美工刀割伤自己的手腕，是否可以跟爸爸、妈妈一起来想想，有没有其他的替代方式？”让孩子知道，遇到问题时，并不是利用美工刀就可以化解的。

亲子共同思考解决问题的其他方案，将这些思考出的想法，一一记录下来，并请你记得，日后要和孩子一起演练这些替代的解决方式，帮助孩子获得“我也有能力解决问题”的正向经验。

# 如何帮助资优生做好压力调适？

——幽默是面对压力时的强心剂

电视播出奥运会比赛的画面，志贤的爸爸若有所思地盯着看了一阵子，接着转头对妻子说："老婆，你有没有发现，志贤在高中资优班面对的竞争压力，真的不输给这场四年一度的奥运比赛。想想看，一群资质优异的孩子被集中在一起，相互较劲，枪声响起后，胜负立见，不是金牌、银牌、铜牌，就是被淘汰。想要在班上保持辉煌的纪录，谈何容易啊！"

妈妈语重心长地回应："这倒是真的。志贤从小就被大家赋予极高的评价，总是被捧在尖塔顶端，我常担心他长期沉浸在这样的氛围中，万一突然间从云端坠落了，会有多挫败。一个人毕竟无法一直都保持在高点上啊！"

志贤进入高中资优班后，夫妻俩忧心着儿子的抗压能力是否足够强，对于他处理和调适压力的能力持续保持关注。

电视里播放着男子 4×100 米接力赛中，牙买加选手完成三连冠的画面。

“志贤从小学到初中，表现一直都是领先的，但是高中资优班高手云集，老公，你觉得他耐得住压力吗？”妈妈越想越担忧。

爸爸倒是气定神闲地说：“这一点实在很难说。就算是高中资优班前三名、全校排名也领先的孩子，看起来好像对竞争和压力司空见惯了，但也没人敢保证绝不会出现问题。从班上到学校，有大大小小的各种比赛等着他们，在孩子的成长过程中，这是无法回避的，也不需要回避。我想我们能做的是随时保持注意，引导志贤在面对压力时该怎么去处理，还有做好自我调适。”

听了丈夫这番话，志贤的妈妈用力点点头。

电影《小太阳的愿望》里有一句话：“真正的失败者，不是那些没有赢的人，而是没去尝试的人。”我们期待孩子从小建立起未来的竞争力，尤其是面对情势严峻、战斗激烈的升学考试这个大战场，父母多希望小孩能事先下载好各种“能力软件”，以备不时之需。但我们也要考量孩子的身心容量是否负荷得了，会不会“超载”。

与一群资优的同侪竞争，不管是对手或伙伴，每个人的实力都不容小觑，毕竟个个都是经过层层筛选而选拔上来的精英。竞争，也给了孩子检视自己现阶段能力的好机会。有竞争意识很自然，但是压力当前，孩子并不会自然就知道该如何面对。我们必须在平时就协助孩子做好准备，培养充分的抗压能力与调适力。

## 资优教养的"心"解答

### 别把孩子当赛马

赌马的人通常只在意最后的结果，在乎自己有没有押对宝，没有人会管马儿想不想跑、爱不爱跑或能不能跑。无论马儿的身心状况好不好，下注的人只期待它上场之后能够甩开其他对手，突出重围，跑出它的荣耀——和自己的高额奖金。

但孩子可不是赛马，不能任由大人在一旁等着下注。当他们加入竞争之列，最终目标也不该是为了大人的荣耀与虚荣。

让我们把私心摆一旁，冷静思考，重新看待孩子的表现。

### 预留合理的退路

面对压力，这群表现已经够好的孩子常常"好还要更好"，自我要求加把劲，猛力往前冲。然而，在不断的用力加码下，却少了自我调适，因而没有了后劲。

引导资优生提升抗压能力，要先让他了解自己的特殊性，并要给自己预留合理的退路，允许自己有表现不尽理想的可接受空间。一旦孩子给自己的表现空间多些余地了，心理上也会比较舒坦。

爬山的人，纵使高山就近在咫尺，依然要有"万一……时，必须放弃登顶”的心理准备。年轻时，我曾和登山社伙伴攀登名列台湾百岳之一的白姑大山，却因山顶积雪太深而扼腕撤退。就像这样，你想要登高山，但有时会受天气、装备、身心状况等因素影响，让你无法顺利登顶。

但是，山始终都在那里，随时等待准备好的有缘人再相逢。

## 学习“洪荒之力”的幽默

我常说要认清一个人，就要看他在压力之下如何表现，这时的反应最真、最纯粹，也最贴近他自己。

无论平日我们表现得如何泰然自若，像化妆般用遮瑕膏遮掩，或多么成功地修饰自己，一旦在压力之下，一个人真正的本质都将无所遁形。

四年一度的奥运盛会，对于每个参赛选手来说，都是压力指数最高的时刻。从赛前的长期艰苦准备、比赛现场的激烈竞争，到成绩揭晓的那一刹那——已经绷到最紧的压力，弹指即破。

在 2016 年的里约奥运会中，我国游泳女将傅园慧因一句“我已经用了洪荒之力”的神回应而爆红，深受众人瞩目与喜爱。她在接受记者采访时的反应，让我们看见了一位选手在面对比赛压力与结果时，表现出的超级正能量。

以下是那段“洪荒之力”的经典对答：

傅园慧："58.95秒？……我以为是59秒！啊！我游这么快？我很满意！"

记者："这个成绩有什么保留吗？"

傅园慧："没有保留。我已经……我已经用了洪荒之力啦！"

还有这一段"我已经很满意了"的回应：

傅园慧："鬼知道我经历了什么！真的太辛苦了。我真的有时候感觉我已经要死了。我当初的训练真的是生不如死。但是看今天的比赛，我还是已经心满意足了。"

记者："是不是同时对明天的决赛充满希望了？"

傅园慧："没有，我已经很满意了。"

完美，很吸引人，但是，完美有时也会带来致命的威胁。期待完美不可怕，比较令人担心的是一旦发展不如预期时，当事人能否招架得住。

我们往往期待自己表现得"好还要更好"，奖励"多还要更多"，但"心满意足"这四个字，让我们看见了一个人对自我有合理期待时所产生的满足。

心满意足了。的确，孩子该对自己的努力给个善意的反馈，自己已经尽力了。

## 幽默神回应，化解压力

另一场赛事结束后，记者再次采访傅园慧。

记者：“知道你游了多少吗？……58.76 秒！”

傅园慧：“哇！太快了！我打破亚洲纪录了。”

记者：“如果说你昨天用了洪荒之力，那今天用了什么力？”

傅园慧：“我昨天把洪荒之力用完了。”

记者：“那今天更快啊！”

傅园慧：“今天没有力气啦！”

记者：“你只比亚军慢 0.01 秒，其实非常有可能得银牌。”

傅园慧：“那可能是我手太短了吧！”

幽默是面对压力时的强心剂，也是维系人际关系最好的润滑剂。这一点，在傅园慧的神回应“那可能是我手太短了吧”中发挥到极致，最是漂亮。

人们看待竞争经常锱铢必较，更何况是奥运赛事泳池中那 0.01 秒的微小差距，自然可以预期选手的反应：可能是怅然若失；可能情绪激动得无法接受这“落败”的结果；或者抱怨不公平，现场抗议记录有误，甚至于要求重新检视比赛画面……这些反应都很自然。

而难能可贵的是，面对因 0.01 秒的微小差距落败，傅园慧竟可以用一句“那可能是我手太短了吧”来轻松带过，顿时化解了尴尬，以及过度聚焦在那0.01秒所可能滋生的负面情绪，以高度幽默面对比赛结果，令人激赏。

幽默，不单是所说的内容或词语吸引他人会心一笑。有时，在不同的时间、不同的场合、表达的方式不同，都会带来不同的效果。

透过傅园慧，我们看见了自然、不做作、逗趣、微笑等经久不衰的正向特质。

## 培养超越自己的信念

记者进一步询问傅园慧决赛成绩。

记者：“这些年，其实你也经历了很多，也经历了很多伤病、体会了很多不同的心情，那此时此刻，你最想跟我们分享的心情是什么？”

傅园慧：“最想分享的心情就是，虽然没有拿到奖牌，但是……”

记者：“你成绩并列第三啊！”

傅园慧：“啊？第三？”

记者：“你不知道？你到现在都不知道你并列第三？”

傅园慧：“我不知道啊！喔？那我觉得还是不错的。这样的话，我还是想跟以前那个在绝望边缘挣扎的自己说，你以前的坚持和努力其实都没有白费。虽然今天并不是冠军，但是我已经超越我自己了。我现在腿快抽筋了。我觉得还是挺好的。”

让孩子摆脱与他人名次的过度比较，回归到和以前的自己相比较，自己是否像傅园慧一样，因为坚持和努力，成绩表现又往前跨出一步。

这回虽然没得冠军，但是至少已经超越了自己。

# 第三章

## 建立平衡的关系网

——天资出众的孩子更需要健康的自我认知和人际关系

# 资优生很难交到知心好友?

## ——从聊天中探知孩子的交友状况

下课铃响了。按照习惯，小武又是一个人来到生态池畔流连。

每当班主任老师远远望见他的背影，心里都在想："这孩子果然资优，像个自然生态专家一样对人工湿地那么热衷。他对于微生物、水生动植物一定很有研究……"

老师的假设的确有可能——但且慢，这或许是我们一厢情愿的看法，也可能仅是"资优生爱好研究"的一个假象。

小武爱好自然生态的表象，让老师少了另一层的关注——这孩子是需要伙伴的。老师也因为没有察觉，而没有任何作为。

不管资不资优，孩子都需要伙伴。只不过，小武总是压抑着不说，缺乏伙伴的苦闷只能深藏在内心。

其实，小武的心里有好多好多的话想对朋友说，他多么期待能够将这份孤独打破。但这一切，似乎只有生态池里的小乌龟愿意倾听。

他对着乌龟喃喃自语着：

“没有人知道我在想什么。为什么？为什么？为什么？小乌龟，你知道吗？这个疑惑我已经在心里放了好久好久。我好痛苦。我真的非常不喜欢一个人的孤单，好想找人说说话，但是一直都找不到朋友。常常有人说我怪，说我爱表现、爱招摇，认为我的出现总是让他们难堪……”

说到这里，小武弯下腰，捡拾着一旁的落叶，撒向生态池里。

“我想要被接纳、被了解，我也想要下课时和同学一起玩。没有人希望被排挤啊！我为什么会让人家讨厌呢？请你告诉我，小乌龟，我到底做错了什么？我只是想要学习，我只是对事情会很好奇，我只是忍不住想问问题……”

小武边踢着石头，边难过地说着。

身旁没有人可以回答他这些问题。

“我好讨厌这种不被人了解的感觉！”

此时，上课铃声响起，该是回教室上课的时候了。

校园里，一个人的孤独身影让人心疼。

有时，孩子下课远离教室，是一个不得已的无奈选择——既然在教室里没有人可以交谈、没有人愿意作伴，退而求其次的方式，就是远离教室这个焦虑源。

一个人，只好来到舒适圈，可能是生态池畔、操场边，或者校园里的某一个角落。

但是，这种情况也很容易让同学误解，以为他就是喜欢一个人独处，或者他可能不好相处，甚至觉得他根本不把同学看在眼里，于是更没人想理他。

这样可就误会大了！

在资优生的人际需求上，在帮助孩子挥别孤独这件事情上，我们还有许多的努力可以做。

## 资优教养的“心”解答

### 每个孩子都渴望有玩伴

就算是再怎么有天赋、有能力的孩子，他还是一个孩子，也会想要有玩伴。“一个人”，不是他自己的选择，而是因为他一直找不到“频率相当”的朋友。

一般人会觉得资优生有点怪。但是，到底是我们不懂他，还是他真的太奇怪？这一点的确需要我们深入思考。

资优生知己难寻，特别是在小学、中学的普通班级里，毕竟这些孩子在思考的深度、广度、速度与模式上，的确跟一般的同学有差别。

“我的知心好朋友在哪里？”你是否听见了孩子的这声呐喊？

## 别把资优生当客人

目前初中、小学资优生的管理方式，主要是采取多数时间待在原来的班级，一小部分时间到资优班上课的“分散性上课”方式。

然而，抽部分时间从原班离开至资优班上课，往往强化了一种“差别待遇”的印象，原班级里一般同学会认为：“凭什么资优生就可以离开教室，我们却不能？”

这种情况，也同时反映在有身心障碍的孩子（例如有多动症、自闭症、阿斯伯格综合征、学习障碍的孩子）身上，甚至有些孩子怕被其他同学视作异类，而不愿意去资优班上课。

不同的是，资优生不是担心被笑，而是怕其他同学会投以异样眼光，这当中可能存在着妒忌、羡慕或不以为然的复杂情绪。

“资优生不是客人”，这一点，期待班主任老师能够有效地让其他孩子了解。只是很残酷的是，就连有的老师也会觉得资优生在原班像客人。教室里，老师如何看待资优生，也将影响一般同学如何对待他。

资优生不是客人。他只是暂时离开教室，到一个能够为他提供适当教育、满足他需求的学习场所去。

## 留意孩子的聊天话题

你清楚自己的小孩在班上的人际关系吗？他是否会向你提

到某个同学的名字？如果有，是谁？他的朋友，你熟不熟悉？或者请你仔细回想，是否曾有任何朋友的名字，出现在你们的对话之中？

请留意，当孩子在校园内孤单一个人时，他不见得会主动开口或愿意向你说。

面对资优生这种身份，大人看见的跟孩子所期待的，可能没有交集，重点也不一样。有的孩子讨厌这种特质，认为这让自己在同学中格格不入、频率不对盘。有时，资优生很难找到可以对话的同学，一个人很孤单。

## 主动出击，搜寻频率相近的好伙伴

资优，不该是人际疏离与鸿沟的原罪。

有时我们会发现，孩子竟然可以跟年纪比他大的朋友、长辈与老师顺利对谈，这或许是因为知识频率相近，彼此能懂。

人与人相处，频率相近的共鸣经验是非常关键的因素之一。初中、小学的资优生在原班教室里，要去找到天赋相近的同侪并不容易。这里的“频率”并不单指才能或学习领域，而是指在兴趣、经历、生活与个性等方面的交集。

那么，我们就主动出击吧！翻开班上同学的名单，陪着孩子一起寻找贴心的好伙伴。想想哪些同学态度最友善，能接纳自己、主动寒暄，喜欢和自己聊天，和他在一起心情就很愉悦；同时，对方具备了吸引自己想要和他做朋友的特质，例如：开朗、活泼、善解人意、幽默风趣、反应快，或微笑常挂在脸上等。爸妈也可以分享自己的交友经验、选择朋友的条件，以及自己好朋友的特质等。如果班主任老师愿意出手帮忙，将更是很有利的推手。

虽然资优生之间的相处频率最接近，互动起来也最有共鸣，但谁说资优生只能跟资优生当朋友？没这回事。

## 让亲密感保持恒温

有时，孩子对于亲密感的要求过于炙热，结果吓到对方，也伤了自己。

有时，孩子太过于热情与殷勤，往往一股脑地投入、付出，让对方负荷不了、招架不住。

来往和互动成了一种负担，很容易让对方与他保持疏远的距离。

你清楚孩子如何看待亲密关系吗？你熟悉孩子如何展现他的亲密关系吗？孩子须留意对方的感受，觉察对方的反应，在情感的施与受中，别让彼此心里都不开心。保持人际恒温，将让彼此都最舒服。

## 学习微调自己的人际特质

人际关系与学习领域是非常不同的两件事。

大多数资优的孩子，在学习领域中能够自由挥洒，优游于逻辑思考、归纳整合、演绎推理、语意掌握或组织修辞的天赋中，无边际地翱翔。但人际关系的挑战，实属一种动态的关系，其复杂度和难以掌控与预期的程度，往往让他们一不小心就中箭落马，摔得浑身是伤。

有些资优特质会对人际交往带来负能量。例如常见的跳跃性思考，孩子的想法像强力的弹跳球般，常让对方捕捉不到他的节奏，老是漏接，久而久之干脆退场不玩，离他而去，免得把自己弄得灰头土脸。这一点常让资优生感到懊恼，毕竟自己身不由己，也非故意。

在此存在着一个值得思考的议题：资优生是否需要调整自己的部分特质，好让自己更能够融合于一般的群体中？

我想，的确是需要的。我们期待普通学生接纳资优生的所有特质，与此同时，资优生多少也需要微调部分有碍人际互动的特质，前面所提及的跳跃性思考便是一例。

以跳跃性思考来说，并非让孩子将其隐藏起来，但至少要让孩子能够自我觉察，最后想办法以“对方听得懂的方式”表达，让对方明白。

## 人际问题分析

“数学不会，它还是摆在那边，一个礼拜、一个月之后，仍然静静地等着你去解题。但是，人际关系很微妙。现在朋友和你一起玩，可是到了下午他就不再跟你玩。”我喜欢以这段话来说明人际关系的动态与多变。

在过往的辅导经历中，我常听孩子疑惑地问：“我什么都没有做错，为什么到了下一节课，他就不再跟我玩？”孩子，或许你真的没有错，只是到了下一节课，朋友遇见他的好朋友，因此他选择了和好朋友玩，而没和你玩。

人际关系的复杂就在这里，孩子的交友困惑也就油然而生。即使再怎么天资过人的小孩，也不见得在这件谜一样的事情上就能豁然开朗。当注意到孩子在人际关系上出了问题时，我们要试着一一去厘清可能的原因，才能搞清楚解决的钥匙在哪里。

有些孩子的问题出在冲突上，“我打，故我在；我吵，故我在”，以冲突证明自己的存在；有些是疏离；有些则是被排挤。有的孩子对人没感觉、没兴趣。有的孩子不知道怎么跟人家玩，有的是不会玩。有的常常希望别人按照自己的方式玩。有的则模仿了坏的榜样。有的孩子与人互动会焦虑，有的孩子太依赖某些人。有的孩子有伴，但是觉得自己的需求没有被满足。还有的孩子或许冲动，或许不会察言观色，或许看似软弱，或许因学业表现差而让人讨厌。

可能的影响因素太多了，我们要试着从中厘清，在孩子身上发生的是哪个原因，因为他自己或许也说不清、理不明。

真的，我们必须静下心来想一想，在孩子的人际关系上，我们大人到底付出了多少努力，给了孩子多少磨炼的机会。就算是资优生，也不会自然而然就擅长建立人际关系。

或许你期待孩子只要成绩好就行了，但是，我必须要告诉各位：当孩子的人际关系不好，他的成绩一定兵败如山倒。

父母请细心地厘清以上的原因。别期待孩子会主动向我们告知、说分明。面对孩子在人际关系上的困境、落寞、争议、焦虑或无所适从，我们必须启动如福尔摩斯般的办案精神，仔细推敲，耐心求证。

让孩子感受到，你对于他人际关系的关注。

让孩子了解，你想要一起陪伴他的态度。

让孩子愿意和我们一起分享他在人际关系上所有看似小事的大事。

# 资优，反而让孩子自卑？

## ——厘清资优生可能伴有的“学习障碍”

妈妈从来没有想过“资优生”三个字，竟然会成为摧毁孩子自信心的最重一击。

“我根本不是资优生！”儿子激动地咆哮着。

“你怎么这么说？”妈妈露出满脸的狐疑。

“大家都这么说我！他们都说，哪有资优生考试这么差的。班上成绩比我好的人太多了，我根本不是什么资优生！”

“那你认为资优生是什么样？”妈妈试着用这句话引导孩子冷静地面对自己，可惜并没有达到预期效果，反而让儿子把压抑在心里的抱怨，一股脑儿地宣泄了出来。

“反正我不是就不是！我的表现又没有很突出，成绩也普通。还不都是你们害的。早知道我就不要去做什么智力测评，参加什么资优班的考试。我很差劲，非常差劲。班上的同学都在笑说，谁只要考得比我好，谁就是资优生，害我现在成了同学的笑柄。

连老师也在说，现在的资优生怎么都贬值了。”

妈妈想要澄清，但还没开口，儿子又倒出心中满腹的苦水。

“我一无是处，什么都不是。跑步跑得比人家慢，画图也画不好，长笛不会吹，人缘又不好。同学都笑我打躲避球没有力气，分组也都没有人找我。现在连语文、数学都考不好。我算哪根葱！

“你们只会叫我努力，努力，努力。你们看，我又不是不努力，但结果就是这样而已。班上成绩比我好的人太多了，他们也不用去上资优班。

“每次去上课，我都好尴尬。‘资优’让我抬不起头。我根本不知道自己是谁。每个人都在笑我。其他同学考不好，人家都不会笑他们，就只会笑我。”

儿子越说越激动，眼泪也夺眶而出，令妈妈相当心疼。

“每次考完试，同学都爱问我考几分。考几分，考几分，考几分干他们什么事！我考得好，他们觉得理所当然；考不好，他们又在私底下嘲笑。每次一遇到考试，大家都只盯着我的分数看，没人在乎我心里的感受。在学校，我不开心，没有成就感，我根本不配讲什么资优。我对自己一点也不满意。像我这样的人，干脆报废掉算了！”

妈妈实在无法想象，原以为很美好的资优天赋，竟然让孩子这么痛苦。

“我不知道自己能做什么、会做什么，又应该做什么。我讨厌听到‘资优’这两个字。同学都觉得我是客人，经常把我冷落在一旁，这种感觉你知道吗？以前还没上资优班的时候，我是最开心的，同学都会跟我玩在一起。但是现在去读了资优班，每个人都跟我保持距离，好像我跟他们在不同的世界。我想，我真的跟他们处在不同的世界……”

在这孩子内心的小剧场里，怎么净是上演写实的悲剧？

## 资优教养的“心”解答

### 关掉“无知”的噪声

孩子会对于表现自惭形秽，往往有一大部分来自周遭“无知”的噪声。这里所谓的无知，尤其指班上的老师、同学与其他周围的人，对于资赋优异的一知半解。许多时候，那些道听途说而来的误解，往往造成当事人莫名且无谓的压力。

这些无知的噪声，虽然当事人不想听、听了不舒服，却常常大声到超过“噪声控制标准”。

在校园里，相关老师（例如资优班老师）有义务让一些人了解，他们正在制造这些扰人的无知噪声。

家长或老师发现这些噪声出现时，请直接伸手关掉，以维护孩子内心的安宁。

## 别成为压垮骆驼的最后一根稻草

同样一句话，带来的是“威力”还是“破坏力”，往往要看是谁开口说的。特别是“重要他人”的反应，例如父母、手足、老师或熟悉的同侪，这些“重要他人”的反应，对于孩子来说往往具有加倍的效果。

孩子需要“重要他人”的支持。但不幸的是，这些出自“重要他人”的批评、指责、谩骂、嘲讽、揶揄、数落或批判，却在现实中常常成为将孩子原已相当脆弱的心灵压垮的最后一根稻草，令他们自信心崩塌，变得自卑、自轻，自我否定。

你忍心成为那一根稻草吗?

## 点亮心中的“自信”之火

当孩子的自尊被堆积在阴暗的角落时，急需你的一把火点亮他的自信。

你的这把火，主要在于重新唤起孩子对过往的能力与表现的自我肯定，同时让他看见，这些能力与表现不一定仅来自听说读写算、语数外物化等学科领域的内容。

只要能让孩子感受到自己的“有”，任何内容都可以。像是他的特质，例如：对某件事的专注与投入、敏锐的观察力和归纳能力、超强的记忆力、秒懂的理解力、洞察事物的能力、实事求是及追根究底的精神、探本溯源的好奇心、可媲美巨星演唱会上观众的热情等。

将这些特质反映给孩子，如同一盏一盏的烛火，点亮孩子微弱的自信与自尊。

## 你必须知道的“学习障碍”

看到这个标题，或许你忍不住张大了嘴巴，讶异地叫着：“资优为什么会跟学习障碍扯在一起？你有没有说错？”

一点都没错。

若孩子的资优天分同时伴随了隐性的学习障碍，却没有被注意到，在学习障碍问题未获协助的情况下，自然很难理解为何明明资优，学业表现却一直低迷。

如果大人对资优生的学习障碍视而不见，会发生什么样的状况？至少，可以预见在教学方式的运用上容易失焦。

“学习障碍”是指因与理解、运用语言有关的一种或几种基本心理过程上的异常，导致儿童在听、说、读、写、思考或数学运算方面显示出能力不足的现象。这些异常包括知觉障碍、脑伤、轻微脑功能失调、阅读障碍和发育性失语症等情形。（参考美国相关法律对学习障碍的定义。）

同时，特别要注意的是，学习障碍不包括因视觉、听觉、动作障碍、智能不足或环境、文化、经济等不利因素所造成的学习问题。

当资优生同时伴随学习障碍的困扰时，学校若仍像对待一般学习成绩差的学生一样，采取常见的补救方式进行教学，或只是将内容难度依孩子的学习表现程度降低，是无法有效帮助资优生获得该有的学习需求与效率的。

然而，校园里，学习障碍孩子的困境往往不只如此。

上述的问题，隐匿于孩子的学习历程中，不容易让父母、老师及周遭的同学们发现。

这种情况，往往连当事人都不大了解到底是怎么回事。他总是被怪罪、被指责不认真，不花时间在课业学习上，加上长期的无力感，往往会让孩子的情绪管理亮红灯。

挫折、易怒、无奈、退缩、压抑……这群伴随着学习障碍的资优生不知道自己发生了什么事，也不晓得该如何表达这些负向的情绪，因而不断地与同侪间磨出冲突的火花。

如果你的资优孩子长期受到成绩低落的困扰，你或许要思考他是否有学习障碍的表现，进而也要多加关注孩子的情绪调适与社会适应问题。

# 资优生的幽默，别人很难懂？

## ——学习在适当的时机，说适当的话

下课时，班上的“幽默大师”呈林模仿起日本搞笑艺人 Piko 太郎创作的一首网络流行神曲 *PPAP*，边手舞足蹈边唱着：

“I have a pen, I have an apple.（Uhh ~）Apple-pen…”

他惟妙惟肖的动作笑翻了一群同学。随后他天马行空自创的恶搞版，更是令大家拍案叫绝。

一旁看着的晋哲感到不解，就这几个英文字符串来串去，笑点到底在哪里？

可是，呈林说话很溜，内容很深，具有超级细腻又敏锐的幽默感，几乎是经全班认证通过的。常常他说着说着，周围的听众就听得很投入。

这一点，晋哲就弱了，他倒是常常自己讲得兴高采烈，笑得前仰后合，对方却听得一头雾水，甚至气得干瞪眼。

“哇！我的眼前一片‘挪威的森林’耶！”晋哲望着眼前女

同学玉珠的刘海，笑着说。

“你走开啦！讨厌鬼，每次讲话都那么伤人。”玉珠不但不领情，还感到很厌恶。

晋哲还在笑着问：“你不觉得很好笑吗？”

玉珠气得大骂：“一点都不——好——笑！我完全听不懂你在讲什么，而且我觉得你根本就是在讽刺我，嘲笑我。”

“好奇怪，明明同样都是资优生，为什么晋哲和呈林在班上的人缘差了十万八千里？”一旁的晴晴忍不住说话了。

“我觉得晋哲根本就是自以为是，老讲一些冷笑话，无聊！”玉珠愤愤不平地说。

“我看，关键是晋哲根本不了解眼前的状况。就像这个时候，同学想不想听，他说的人家爱不爱听、听不听得懂，他都搞不清；或者，根本只是他自认为幽默。”晴晴丢出这段话，便和玉珠一起掉头离开了。

晋哲一脸无辜，心想：“挪威的森林”有哪里不好笑？

资优生的幽默，是否能够准确地迅速传达给对方？幽默与玩笑之间的分寸，是否能够掌握得恰到好处？每个人的功力不尽相同。有时，孩子将自认为幽默的讯息抛出去，但是接收的人如果没有实际感受到他所要传达的讯息，甚至误解了其中的用意，反而容易造成反效果。

## 资优教养的“心”解答

### 挥别自以为是的幽默

提醒孩子随时检视并适时更新自己的幽默，以免他讲了一些自以为好笑的话，其他人却觉得不知所云；有时则会出现他自以为幽默，对方却不以为然的情形。

一个笑话好不好笑，当然见仁见智。但幽默由谁认定？别忘了，是取决于对方的感受，而不是我们自己说了算。孩子需要知道，语言是一把双刃剑，要谨慎运用。引导孩子学习在适当的时机，说出适当的话，让幽默到位。

他可能需要范例，特别是如果他同时伴随阿斯伯格特质的话。

我们可以试着利用影像找例子，比如幽默影片的经典桥段。例如，透过英国电视喜剧《憨豆先生》当中的脑筋急转弯，让孩子判断当中存在的幽默元素（创意加趣味）。

在吸收、理解、发现关键细节与元素上，资优的孩子自有他一套快速的整合归纳方式。但幽默不是自己觉得好笑就行了，也不该太高深莫测，毕竟，幽默是需要对象的。如果孩子能够说出老少咸宜的笑话，那就是皆大欢喜的结局了。

## 发现影片中的趣味点

百事可乐有一则广告，背景设定在2002年的世界杯足球赛。广告中，巴西足球明星卡洛斯给一个日本小朋友签名，在签完名之后，对方送给他一瓶百事可乐，并很日式地90度鞠躬道谢，卡洛斯也鞠躬回礼。

后来在比赛中，因为对方队伍犯规，让卡洛斯有了一次点球的机会。面对球门前的人墙，卡洛斯突然想到那孩子鞠躬的画面，灵感来了，在踢球之前，他向对面人墙90度鞠躬，结果人墙也90度鞠躬回礼——在那一瞬间，卡洛斯轻松把球踢进了球门。

广告中，运用了两国文化之间的差异，令人会心一笑。

让孩子找出每部影片中的趣味点、让人会心一笑的点，去观察别人为什么会笑——提醒自己是和对方一起笑，而不是要使他难堪。

## 建立幽默笑点的分享平台

在学校里，老师可以在教室搭建一个平台，让同学们彼此分享幽默点子或笑话。

这样的设计并不是要分高下，毕竟“比较”这两个字，已经出现在资优生生活的太多方面了，而且一般同学敏感及厌恶的也是这样的氛围。

这么做，就只是很单纯地分享，让每个同学都有机会把自己在生活中、网络上所知所见，透过这个平台分享出来。无论是孩子原创的，还是从网络听来的、从书上看见的，都可以尽情地分享。

例如，伍迪·艾伦对于死亡有一句幽默名言："往好的一面来看，死亡是少数容易做好的事情之一——你只需要躺平。"看了这句话，你是否从中感受到那让人会心一笑的关键点?

对于听者来说，如果能够感受到共鸣的话，自然会佩服说话者深厚的幽默功力。

而要让听者产生共鸣，所述说的内容，就要能使他产生共同的体会与感受，贴近他的生活和世界，这是再美好不过的。

此外，也可以让同学们练习携手合作，共同想出幽默的段子与笑话。我想，在思路灵活的资优孩子的带动下，这样的灵感将如天然泉涌，源源不绝。

## 找出自己的幽默方程式

如果资优生的幽默感够强，而且他的幽默能戳中周围同学们心中的那个"笑点"，让人听了会心一笑，我想，这份幽默就是讨喜的。

我相信，比一般人更敏感、脑袋更高速运转的这些孩子，在平时说笑话或展现幽默时，可以透过对事物的灵敏觉察力，仔细观察、记录听者的反应或反馈，整理、归纳出一份听者的满意度调查报告，综合判断能否找出属于自己的“幽默方程式”，让自己敏锐的幽默感真正传达出去。

## 察言观色，远离尴尬

有些话，说的人或许无心，听的人却可能有不同的理解。最怕的是我们说出去的话像弓上弦、刀出鞘，令对方不自在、尴尬，甚至在不知不觉中伤害了对方。

虽然并非所有的资优生都自以为是，但是，却很容易让周遭的人有此误解。有个观念要让孩子知道：他如何看待一般同学，也决定着对方如何看待他。友善的眼神，很容易判断。同时，减少批判。过多的说理和论述，往往会使一般同学无法招架，也听不进去。

孩子抱怨别人内心像玻璃一样脆弱，无法接受他的幽默，由羞愧转而生气。然而，他可能忽略了自己所说的话像小钢珠一样，破坏性十足。

提醒孩子，有时我们讲出一句话，别人听到的不单是字面上所陈述的意思，说话时的语气、音量、语调、表情或肢体动作，通常也左右着接收者的感受。

“我没那个意思！”说话者常常如此辩解，但是对于听的人来说，他就是感觉到了。这也是孩子平时必须练习“察言观色”基本功的原因之一。而且我相信，以资优生的智慧，只要我们陪伴他一起下载、安装并开启了这个程序，他是可以很快上手的。

# 同学利用资优生代做功课？

## ——协助孩子思考人际关系的界线

资优生很行，这一点，同学们大都知道。资优生在某种程度上很单纯，进一步与他接触就会感觉到。资优生很好利用，如果你真的想从他身上获得好处的话。

在初中的班级里，资优生像颗耀眼明珠般，令人羡慕。

这天，志中那一伙同学特别热心地围绕着明光，平常他们很少理明光的。

“阿光啊，你这么行，这几题就帮忙算算看嘛！反正这对你来讲轻而易举。怎么样？考虑看看，帮个小忙，以后就换我们罩你，如何，我的好兄弟？”

突然听志中用这么亲昵的语气说话，明光有点迟疑，但想想他说的那几道数学题，自己算起来花不到 10 分钟，这不难。

“哎呀，你可是资优生耶，不需要跟我们计较啦！你和我们又不属于同一个层次。怎么样？”志中继续游说。

“我只帮你这一次，下不为例。”明光勉为其难地答应。

“行！这一点我说到做到，就这么说定了，兄弟。”志中像平常对兄弟那样钩着他的肩说。

在班上，明光难得享受了一段看似被接受的日子，却没料到接下来，一个又一个利用他的计划正虎视眈眈地等着他。

“喂！明光，听说你有在帮人算数学作业的题目。既然有这项服务，那你也帮个忙，让我们享受一下福利，不然说不过去哟，兄弟。”同学对他说。

“奇怪，怎么他也叫我兄弟？”明光心里狐疑着，“不过，既然之前已经帮了志中他们，这次再帮另一个人也是小事一桩。”

就这样，明光帮忙解答、算题目的“服务”，渐渐在班上传开来。同学们轮番来找他，称兄道弟地请托解题。一次又一次，明光逐渐习惯成自然，界线越来越松，越来越模糊。但是没关系，跟大家称兄道弟，还真是不错。至少，他在班上的朋友变多了；或者更贴切地说，是来“求答案”的朋友变多了。管他呢，这也算朋友啊！

然而没多久，明光帮忙解题的事传到了班主任老师耳中，老师怒不可遏地把他叫过去询问，并训斥了一顿。先前请托帮忙的同学都把矛头指向他，推说是他自己主动提出来要帮忙的，他们原本也不想这么做。

但这样的说辞，明光当然无法接受，因为实情并非如此。

“不公平，不公平，不公平！事实并不是这样的。为什么他们要利用我？只因为我的成绩比他们好？借笔记、画重点、解数学题，这些对我来说轻而易举。是班上同学请我帮忙的啊！老师，为什么你不听我解释？”他极力澄清，但是同学们言之凿凿，让老师实在很难相信他。

身旁的同学们三三两两地讪笑着。接着，更难听的流言在班上传播开来：

“资优生就自以为了不起？品德差又有什么用！竟然想靠自己的聪明才智来收买同学。还好老师发现得早，不然这股造假歪风一吹，那还得了！”

明光的心灵重重地受伤了。这件事，让他开始对别人产生极度的不信任。在班上，他不想再和同学有任何瓜葛了。

## 资优教养的“心”解答

### 同理这份受了伤的信任

资优生对于情感的反应往往非常细腻与强烈。一方面，一旦在人际关系上遭到利用，会感到极强烈的难过、生气、恼怒与不解。另一方面，纵使周围的人一开始就不安好心地想利用他们的善意与能力，他们对于关系和情感的投入仍会相当深。

或许孩子甘心被利用很不明智，不过，心灵受伤的感觉却相当真实。不要忽视这样的感受，也请别灌输给他“这一切没什么”的想法。伤，很有感觉。伤，会留下疤痕。伤，如果没有适当处理，除了留下疤痕，也很难让人忘记。

孩子被背叛的强烈感觉，请你千万别忽略。这份受了伤的信任，需要我们的理解。这种难熬的感受，很容易让孩子深陷其中，需要很长的时间才能慢慢挣脱。

## 谢绝“软土深掘”

帮忙解题、代算数学，这些对资优生而言大多仅是举手之劳。或许也正因为这种让其他同学挺耗神的事，对自己来说却很容易，因此当他这么做时，没有想到其中的严重性。更何况在初期，同学们的反应很热烈，“使用满意度”还蛮高的，大家也很容易食髓知味，继续向他要求下去。

然而，“软土深掘”——土越软，就越容易被人得寸进尺，越挖越深，这一点是孩子需要了解的。

就因为双方都把情况看得理所当然，这种不对等关系也就顺势地自然发展下去了。孩子是否容易被同侪得寸进尺。不只他必须随时检查自己的行为模式，父母也要多加注意。

土别太软，鼓励孩子发挥该有的立场与坚持，让土硬起来。

有的时候，吃亏并不是占便宜。“软土深掘”，免谈！

## 自我觉察情感投入的速度

资优生对于情感的投入真的是又急又快，像是骤雨般，有时连他自己都措手不及，反而淋了一身湿，很容易就生病了。有的时候，则像自由落体般拥有迅疾猛烈的加速度，往往使他在与他人的关系中受伤。

面对感情，首先，我们要带着孩子学会放慢速度。

例如，可以发挥资优生特有的丰富想象力，想象自己抛出了一颗超慢速魔球，最好慢到连测速枪都测不到。也可以将情感的投入比喻为区间列车，每站都停，一站、一站，慢慢地检视彼此的伙伴关系，这也是一种保护自己的好方法。

此外，孩子需要了解自己的情感及人际交友的“体质”（具体方法参见第 106 ~ 109 页）。这种自我觉察是很重要的，我始终深信这是资优生必须不断修习的课程。

同时，我们要协助孩子去思考人际关系的界线。虽然他可能常常不知不觉就越了界，不过，设置止损点，避免“软土深掘”是绝对必要的。

## 分组融合，也要分工合作

在原来的班级里，资优生在学习领域的强势的确是一股势不可当的旋风。对于这一点，班上的同学又爱又恨。爱的是，如果和资优生在同一组，那真是如虎添翼，报告的完成度超高不用说，其他组员只要在旁边轻松地摇旗呐喊，高分马上入手；恨的是，和他不同组的同学看在眼里，除了眼红，还是眼红。

分组，的确是让原班同学快速接受资优生的一种有效方式。虽然有点现实，但不可否认的，如果自己这组有个“神”一般的队友，谁不爱？

不过，家长、老师和孩子本人都请特别留意，虽然资优生在分组时可以尽情发挥，但不表示其他同学就能理所当然地占便宜。必须有合理的分工合作，各司其职，而非仅让那个大家眼中的“神人”一个人独揽所有的工作。

## 细腻与体贴地进行分组

关于分组的进行方式，我想应该可以更细腻。至于是让学生自由分组，还是由老师强制分组，甚至凭运气抽签，则各有不同的考量。

老师在让孩子们分组时，若能第一时间掌握以下这几点，将有助于后续活动的进行：每个孩子在班上人际关系的优劣状况、同学之间关系的联结强度，以及班上成员的特质（包括主导性、辅助配合、参与、相对弱势、遭受排挤、冲突，或者自以为是、唯我独尊等）。

如果是自由分组，在找人与被找、邀请和拒绝之间，通过一次又一次的选择、交手及互动，让孩子在形成小组的过程中，经历团体的关系变动。同时，每个孩子得启动自己的社交天线，展现人际互动能力。

身心特质与能力各不相同的孩子们，在面对这复杂的团体关系变动时，也各有不同的感受与反应，可能是靠近，也可能是逃避。

人际关系不像学科的学习。遇到不会的数学题时，把考卷摆到一旁，一个月后，它还是平放在桌上等着人去解答。这种单向式的关系较单纯。

相对地，人际关系的互动却相对微妙、复杂许多。这一堂下课和自己玩的同学，到下一节可能突然不再一起玩了，不一定是因为自己犯了什么错，或许只因为对方有更要好的朋友出现。虽然无奈，但这也是现实。

就算再有智慧的小孩，也依然需要一些人与人互动的经验，这是一段必经的成长过程。主动找人、被动等待、相互协调、呼朋引伴、展现优势、隐藏劣势、修正行为等，这些都是自由分组所带来的积极正能量。

只是在班上，有些资优生在人际关系及社会互动上，倾向于相对弱势，而一直苦于被冷落、被拒绝与被排挤。在这种情势下，自由分组反而成了一种不可承受之“重”。每到分组的关键时刻，孩子便感到压力笼罩心头，久久挥之不去。

分组对弱势的孩子来说是一种折磨，如同罗马竞技场般残酷。

我们需要关注及理解孩子这些感受，同时，替他营造被接纳的情境。我想，这对一线老师来说不过是举手之劳。先让孩子有机会通过强制分组的方式找到归属，免于陷入总是落单的尴尬境地。例如，依座号 1 至 5 号一组、6 至 10 号一组……以此类推；或者采取抽签的分组模式。

让孩子免于陷入总是落单，自己一个人的尴尬氛围，先帮助他松一口气，再进入分组门槛，如此，也让他多了一些与同组伙伴共处的机会。

有伴，有归属。对于相对弱势的孩子来说，这将是他在教室里的一颗定心丸。

# 资优生都这样问个没完吗？

## ——学会把问题写下来，宁静提问

“你给我闭嘴！”承浩再也按捺不住心中的怒气，对小斯吼叫着。

一旁的大胖也接着帮腔：“对呀，小斯，你不要在那边乱问！”

“我没有乱问！”小斯不甘示弱地回应。

承浩骂：“你根本是在找碴！以为自己多资优、多厉害吗？”

“我没有找碴。是你不懂我的问题，无知。”小斯也回骂。

“你说什么？什么叫无知？连老师都无法回答你！你不是故意来捣乱的，那是什么？”承浩越说越火大。

大胖也跟着撂下重话：“小斯，你的态度很不好喔。你给我小心一点！”

小斯委屈地说：“为什么我有疑问不能问？”

“谁让你乱问？别老是问跟上课无关的问题。你觉得好奇，就回家问你爸妈、去查百科，或请你爸妈帮你找家教都可以！”

承浩一股脑儿地抛出心里的不满。

“这里是学校，本来就什么都可以问。谁规定不能问的？更何况，我就是不喜欢死背的东西啊！一背、二背、三背，我明明都会了。”

“谁理你啊！都会了又怎样？不然你出去啊，离开我们班啦！你转学啊！臭屁个什么劲儿。”大胖反驳着。

其他同学也加入战局，纷纷嚷着：

“问的什么破问题！根本没有答案的问题，老师哪知道怎么回答！”

“你以为全班只有你一个人啊！问东问西，讨厌死了，这样我们怎么上课？”

“耍什么特权啊！你在教室里，让我们觉得自己像笨蛋。”

“你行啦！你很行啦！那又怎样？滚啊！滚出我们班啊！”

“滚出去，滚出去，滚出去。抗议，抗议，抗议。”

小斯以一挡全班，显得招架不住。论气势、论声势、论口水，就算他再怎么能言善道，终究是处在四面楚歌的境地。

“老师，你也说说话嘛！管一管，叫他们别再吵了！”班长昱婷望着讲台上一脸尴尬的老师，大声抗议着。

讲台下，战火没有停歇的迹象。

在课堂上，老师也有很多难以言说的苦恼。有时候，孩子们像个指示牌立在座位上，不爱提问，让老师像讲单口相声，在讲台上独撑一整堂课；而一旦班上有资优生，整个状况又另当别论。

资优生往往爱发问，这对老师造成的教学困扰，强度绝不亚于多动症孩子的过动—冲动模式。

脑袋高速运转的资优生，问的几乎都是没有标准答案的申论题。这对于台上的老师及台下的同学们来说，有如天外飞来一笔，往往也造成他与同学之间的冲突，成了让同学心生反感的导火线。

教室里，遇到因资优生提问所造成的纷扰，老师往往不知道该如何是好。

孩子爱发问到令人讨厌的情况，要如何改善呢?

## 资优教养的“心”解答

### 体谅资优生的求知若渴

资优生有超出一般人的好奇心，也因为这样的特质，常常有许多无限制、无边际又天马行空的疑问，而且往往不自觉地把自己的问题一个一个不断抛出去，让对方有如面对 17 级暴风的威力般招架不住。

不妨观察一下，家里的资优生是否有类似困扰，面对班上同学对于自己发问的反感，他心里可能会产生一些质疑:

“我有不知道的事情，为什么不能问? 老师答不出来，为什么是我的错，而不是老师的错? 我只是发问，是老师自己答不出来。难道我要迎合别人的能力吗？”

请体谅资优生的求知若渴，并开启对他们的接纳模式。

## 宁静提问：把问题写下来

有疑问时，该不该问？我认为这不是可以用二分法解决的问题。

好发问，遇到不解的疑惑就想问，这是很常见的资优特质，但是，毕竟初中、小学的资优生大多还是在普通的班级里，所以也需要顾及全班上课的节奏与其他同学的感受。

爱问是好事。不过，谁说一定要用嘴巴问呢？可以引导孩子在必要时把问题“写下来”，手写或打字都很好。

透过文字，疑问以宁静的方式提出了，发问者表达了求知的需求，同时也顾及了老师与同学的感受。毕竟学生抛出的问题，老师不一定、也不需要立即回应，而其他同学上课的权利也需要被尊重。

学习彼此体谅，这也是资优生情商的一种提升。

## 限时提问，限量发问

或许同学能够了解并接纳资优生爱说话、好发问的特点，但我认为，资优生本身也要逐渐学习问在刀刃上，问得恰到好处。

延缓自己想要发问的冲动与需求，这是孩子需要练习的自律。资优生尤其需要这样的练习。

让孩子给自己设定“每日问”的数量。可以和老师约定好，什么时候是适合或允许他发问的。

适时地问、限时地问，并且有限度地问。别忘了，对于资优生提出的问题，接招的老师是需要时间消化的。

班级老师也可以善意地给孩子抛出问题，主动出击，让孩子问得理所当然，以减少他因为爱发问而引起反感的情况。

## 提问与解答的角色互换

在学校里，老师可以引导孩子站在对方的立场，试着去感受角色互换的滋味。

资优生太爱发问，可能导致一般同学的侧目、反感，甚至厌恶。不妨在教室里进行一场“投捕互换”的活动，改由其他同学抛出“无上限”的问题，同时委任资优生担任捕手，尝试回应与解答这些疑问。

这是一个双赢的练习。

其一是让一般的同学练习发问。要问出“好问题”，其实不容易。这里所谓的好问题，指的是这个问题可以衍生出更为深刻的对话与讨论，让周围的人借由这个“好问题”的激荡，进一步扩充与提升自己的知识数据库。

其二是有些问题可能会“考倒”资优生。毕竟，资质优异并非全知全能，一个人不是什么都懂得的。这一点，也是资优生必须领悟的。

其三是如果资优生还真的每问必答，那么一般同学也就真的心服口服，不得不佩服他果真厉害。这可是经过同学们实际“验证”通过的，骗不了人。

## 资优生没有被霸凌[1]的义务

班上同学的不友善对待，可能让资优生充满困惑：“为什么同学老是找我麻烦？”

没有任何理由可以成为霸凌别人的借口，更没有任何人活该被霸凌，资优生当然也是——我们必须给孩子这样的支持。

许多资优的孩子其实并不是想证明自己多厉害，也没想和别人比较什么，更进一步地说，他们是喜欢在特定的学习领域里完全投入的感受，并随时愿意接受挑战，那是一种对自我的挑战。如果说有什么成就感的话，那也是一种对自我能力提升的肯定，与其他人无关。资优生没有做错什么，他只是拥有优秀的天赋而已。

[1]　霸凌：英文 bully 的音译，恃强凌弱的意思，是一种有意图的攻击性行为，通常会发生在力量（生理力量、社交力量等）不对称的学生之间。具体包括肢体和语言的攻击、人际互动中的抗拒及排挤，也有可能是类似性骚扰般地谈论性或对身体部位的嘲讽、评论或讥笑。

面对霸凌，需要勇气和智慧，这与天赋无关，而是我们必须教给孩子的。虽然他在学习领域充满智慧，但是遇到霸凌，却常常不知所措。

智慧的方法可以学，勇气则需要十足的鼓励。若发现孩子因此而退缩、自责，我们更要提醒他、鼓励他：资优生没有义务被霸凌。无论同学们对他多不以为意，或他的表现多令同学难堪，都不是他应该被霸凌的理由。

别再找资优生麻烦，别把霸凌看成理所当然。

## 体谅孩子想当“普通人”的需求

有些孩子明明很优秀，却为了在教室里顺利生存、让班上同学接纳自己，而选择“自废武功”，故意降低课业的表现去迎合别人，让自己尽量成为“普通人”。

对此，家长当然很不以为然。交朋友与成绩何干？为什么要放着大好的天赋不用，故意让成绩退步？这样交到的是真心的朋友吗？

身为资优生，到底要不要为了交朋友去迎合别人？难道只能跟同为资优生的朋友在一起吗？没有人喜欢被孤立。在直接出声反对前，请仔细聆听孩子的想法。

# 遇到对资优生带有偏见的嘲讽，怎么办？

## ——更要让自己好好过

英杰从座位上起身，手拿着资料夹，准备前往资优班上课。

“转什么转？资优生了不起啊！”阿彪酸溜溜地说。

“人家上资优班又没碍到你，干吗老是找他麻烦？”小宜说。

“我就是看他不顺眼，一副什么都只有他懂的样子，神气个什么劲儿。资优生？还不是只会死读书而已，有什么了不起！”阿彪不屑地说。

英杰很想快步离开教室，但心有不甘，他不懂为什么阿彪讲话要这么酸。

“人家可以读资优班，也是有那个天分和实力，又不是你想念就可以念。我们没那个本钱啦！我看哪，他是别的星球的人，和我们不同世界的。”威仔也跟着嘲讽。

“下次上课他再乱问问题，我就叫他闭嘴！”阿彪双手在胸前交叉，语带警告。

英杰还是选择了默默地离开。

同学们的这些闲言闲语不是一天两天了，也不只有阿彪一个人在讲。这些话他听进耳朵里，只能闷不吭声，不想多做辩解。

但是，自己的“资优”被这样酸久了，还是感到浑身不舒服。他实在不懂，同学们的反应为什么要如此强烈。让他觉得在班上有一种被莫名排挤的压力。

上着资优班的课，英杰却有些心神不宁，脑海里浮现着许多不甘和疑问。

“为什么同学要排挤我？为什么总是对我冷言冷语？我又没有做错什么事，为什么老是有人爱跟我作对，看我不顺眼？”

英杰一直想要找到答案，来破解原班同学的酸言冷语。

“难道我就是因为反应快、发言令老师招架不住而惹人厌，还是我平常的表现，让同学有被我比下去的感觉？我又不是故意要这样，这些都是我很自然的反应啊！他们会不会反应过度了？为什么要这样对我？……”

学校里，总会有一些同学把资优生当成眼中钉，酸他的一言一行。在班上，这些“酸民[1]”同学总是针对资优生冷言冷语地讽刺。当亮点成为箭靶，随之而来的便是一种无形的排挤压力。尤其是每到资优班上课前，提起脚的那一刹那，孩子都会有如双脚被系上大石头般沉重。

面对“酸民”，孩子要如何自处？有没有改善彼此关系的方法呢？

---

[1] 台湾地区网络用语，主要指羡慕、嫉妒，心里不平衡，吃不到葡萄说葡萄酸的人。

# 资优教养的“心”解答

## 让同侪偏见“酸碱中和”

“酸民”们对资优生充满着偏见与误解，而且这些酸味不间断地释放，弥漫了整个教室。

一般来说，“酸民”大多是在班上学业较不成功的一拨人。若真要以成绩来论断，大都落在后段（有时可能也有在前、中段的）。对于眼前有如明星般的同学，牢骚、批评与谩骂无所不在，例如下面这样的“酸民”间的对话：

“资优生有什么了不起？还不是靠他爸妈的栽培，家里条件好，从小补东补西的。”

“叫他回家啦！请他爸妈花钱找家教老师来教啊！我最瞧不起这种自以为是的家伙，简直就跟我们格格不入。干脆叫他转学算了。”

“哎呀，他们这种人生赢家跟我们不一样啦！人家可是天——才。”

“你讲话很酸耶！把我们说得像是失败者队的。”

“听说资优生不需要念书就可以考满分。”

“我还闭着眼睛就可以写咧！那么神？！”

“你没看他，每次去上那个什么资优班，离开我们班时就像在宣示：他要登机，他要出境，他和我们不一样！”

“哈！本来就是啊！人家是资优队，我们是智障队。”

“谁跟你是智障队！”

其实，也不能怪他们丢出这些冷嘲热讽，因为在现实中，许多大人对于资优生也是一知半解，更遑论班上的同学了。

教室里的“酸民”，让我们看不见友善。孩子到底要如何看待能力比自己强的人？如何欣赏别人的优势？我想，当今教育必须教给孩子一种“欣赏”的眼光，才能让教室里对于资优生的偏见酸碱中和。

## 不随“酸民”起舞

如果孩子被“酸民”锁定了，有一招还蛮好用的：面对“酸民”，不随之起舞——不回应、不争辩，就像在自己的四周设下透明的防弹玻璃一样，把这些酸言酸语，阻隔在自己的心门之外。

当对方不希望自己过得太好时，最好的回应方式，就是“让自己好好过”，往他们所设陷阱的反方向走去。

这些酸言酸语铁定让人心里不舒服，而这也是“酸民”发动攻势的目的之一——用酸言酸语腐蚀对方的自信、扰乱对方的情绪，自然而然就可以降低对方的战斗力，让对方的表现降到和他们一样的等级。

“酸民”基本的作战策略就是要改变对方的目标，而且最好是顺着他们所预期的方向改变。说几句话兴风作浪，让对方混乱、心情受波动，因为酸言酸语而自废武功。

我常讲一句话：“数理方面资优，并不等于情绪管理方面也资优。”一定要提醒孩子小心自己的命门。

面对“酸民”，孩子只需要维持不变，保持自己的风格。

## 启动自我解嘲机制

面对教室里的“酸民文化”，老师不能撒手不管。孩子不应该因自己的资优特质而被霸凌。假如同学之间的冷嘲热讽没人管，这股歪风就会继续下去。必须先找出始作俑者，从班上的“酸民”群中找出首脑，听听他们到底想要干吗。

另一方面，教孩子被别人“酸”的时候，除了置之不理，还有这一招：发挥资优生的幽默感，自我解嘲吧！

与其听那些不了解自己的人讽刺，让风向掌控在别人手中，倒不如把球拿回自己手上，展现自己的极致幽默感来自我解嘲一番。

还有些孩子，索性叽里呱啦讲出一长串对方完全无法理解的内容，以资优的强势语言逻辑来取得控制权。

甚至，当别人又唾沫横飞地酸言酸语时，干脆回以跳脱的唐诗、宋词，让他们感到莫名其妙。

在我看来，平时爱酸言酸语的人，自己心里可能也受伤了，日子其实不好过，否则，干吗把时间花在损人又不利己的风凉话上呢？

## 拒绝成为被抹黑的羊

“酸民”们不断地在寻找“下一只黑羊”，因为这已经成为一种既定模式，没有白羊来抹黑的日子，让他们失去了生活的重心及意义。

把这一点告诉孩子，他就知道，不需要委屈自己，把自己圈进他们设的牧场里。启动“懒得理你”程序，保持沉默，继续顺着自己的节奏优雅前进就行了。

有人对他冷嘲热讽，等于是在告诉他，他身上有他们无法企及的能力或无法取得的宝物，比如他优异的天赋。

当孩子遭酸言嘲讽时，和他一起摊手笑笑吧！还可以这样告诉他：“就是因为你重要，那些‘酸民’才会成天关注你的一举一动啊！”

## 只在乎重要的他人

酸言酸语真的让人感到不是滋味，没有人爱听。要孩子不受影响，那个境界真的太高，太强人所难了。但是，他可以加强练习来保护自己不被伤害。

例如，关注生活中的“重要他人”，把注意力与心思花在值得的地方。

每个人的时间是有限的，很难与全班同学都熟稔，都维持密切的同侪关系。“酸民”绝对不会是自己的“重要他人”，不要把心力浪费在他们身上。

不在乎的话，“酸民”也就不会存在了。

这样的想法，有助于孩子挥别“酸民”，拒绝受伤。

## 发挥转念的威力

以前在某个机构服务时，我曾遭遇一群青少年的不友善对待。

某天，当我一走进机构大门，迎面而来的孩子立即抛出“狗来了，狗来了”的刺激性话语。

我很清楚这些孩子是刻意说给我听的，但他们未明讲，我指责也不是，纠正也不是，反驳也不是，只能在心中默默承受。

可是，身为心理师的我毕竟也是人，面对这一次又一次尴尬、难堪的窘境，也曾经产生不想再跨入该机构的逃避心理。

但我很清楚，这是一场躲不掉的服务。面对，是不变的真理，也是当下唯一能选择的方式。这种情况，与资优生面对班上“酸民”的调侃、揶揄或讽刺，仍然得继续待在那个教室里，如出一辙。

转念，这是我发现唯一可以改变状况的做法。

当时我一直在想一件事情：为什么其他孩子不会口出恶言，这群孩子却要以如此的方式对待我？

这样一思考，答案呼之欲出，我想，或许是他们的心受伤了。想着想着，我释怀了。

接下来的几个礼拜，这群孩子当中的始作俑者仍然在我一出现时，便抛出“狗来了，狗来了”的讽刺话语。

但当时我心念已转，我想到的是：眼前的孩子“心”受伤了。他继续在说，然而我心已释怀，那些话对我不再具有杀伤力。我也因此轻松许多，自在许多。

数周后，有一天在我办公室里，那个说“狗来了，狗来了”的少年望着我，微笑着说：“你干吗一直对着我笑？”

当下，我如释重负，心想终于可以结束那一段难堪的“狗脸的岁月”。我知道事情结束了，关系修复了，因为我们彼此都发现，“狗来了，狗来了”这些话并不会对我产生任何的情绪影响。

由于我转念了，因此这些挑衅的话也就被隔绝于千里之外。

资优生在初中、小学的普通班级里，就像一颗璀璨耀眼的珍珠。这颗“珍珠”本身没有对错，只是它的光彩实在太耀眼，就像明月高挂云端，让人不得不仰着头看。

仰头的人，如何感受？这和当事人过往的生命经验与看待事物的角度有关。我们可以陪伴孩子去理解这一点。

当孩子遇到“酸民”围绕时，不妨引导他开启转念模式，换个角度想：那些爱批评、谩骂、酸味十足的同侪，或许有属于他们自己待解决的问题，他们的心也受伤了，不是吗？

## 开启欣赏的眼光

老师在教室里，不妨也试着引导一般学生学习欣赏的态度，例如可以这么想：

说实在的，我还真的蛮欣赏他的。天下怎么会有这么厉害的人！他的脑袋里面不知道装什么东西，一定有高级程序、无限量的存储器和硬盘空间，真的是太神奇了。如果他可以分出一点点的天赋给我，一点点就好，就能让我的功力提升百倍。

让班上的资优生在某个他擅长的领域中成为典范，同时帮助其他同学获得进步，比如从资优生的学习模式中，找到可供自己参考的元素。

电影《模仿游戏》有一句台词：“你希望自己是平凡人……但我向你保证，我并不这么认为。这个世界可以变得如此美好，就因为你不平凡。”

不是每个人都想成为资优生，也不是每个人都可以成为资优生。但是，我们可以向资优生学习那股对于知识的热情与渴望。

# 老师被资优生“踢馆”，怎么办？

## ——从欣赏孩子的好奇心开始

在教室里，在自己的专业范畴被学生所抛出的问题打脸，实在是很难堪的一件事。讲台上的老师如履薄冰，不知道这个反应超快的资优生什么时候会抛出什么问题，好像是来学校踢馆的，害老师的面子挂不住。

“老师，您能不能举例说明，JR（日本铁路公司）、东京地铁、都营地铁和私铁（民营铁路），这四者的历史、经营模式的优劣，以及对于东京人生活和旅日游客的影响与印象？”

小玉的提问，让老师一时哑口无言。重点是，自己现在所教的范围并不包括这些内容。

小玉追问：“老师，这个问题，您不会回答吗？您不是社会老师吗？”

“小玉，你怎么可以这样对老师说话？”身旁的同学不满地质问着。

“我没说错啊！”

老师满脸尴尬地呆立在讲台上。

小玉说：“好吧，老师，我再说清楚一些。JR 全名是 Japan Railways，日本铁路公司，它是日本最大的铁路公司集团……”

“闭嘴！你说够了没？搞清楚，我们现在上什么课？”“你凭什么质疑老师的教学？以为自己是日本通就了不起？”“你来踢馆啊？！”

全班同学不满的情绪如火山爆发。

“为什么我不能说？我有合理而充分的理由。我知道自己的质疑确实挑战了老师的专业和威信，但老师可以说服我，我也可以试着学习说服他。知识本来就是可以讨论、可以怀疑的。每个人所知的都有限。虽然我懂的比你们多，但我不是高傲，只是实话实说。我没有要踢馆。”小玉极力强调着。

“你这还叫没有要踢——”

小玉不等同学把话说完，继续连珠炮似地发表了自己对于知识的想法。

“我不是故意要抛出令老师难堪的话题。我只是以为，每个老师应该都有丰富的知识与涵养，可以随时用来回答学生的问题，提供所有我想知道的内容。我并没有故意要质疑老师的能力，也不想要让老师难堪、把老师比下去。”

同学们纷纷遮住了耳朵，不想再被这番高谈阔论疲劳轰炸，但小玉仍然自顾自地发表心中的感想。

“我相信每个人懂的都有限，老师也是如此，但我并没有想要挑战老师的智慧。很抱歉，我让老师在教室的权威受到威胁，但我觉得这是老师必须自己去面对的。我想老师应该有一种雅量和勇气去承认自己的认知局限。名师出高徒，老师应该要高兴有我这样的高徒。”

小玉讲了一长篇，同学们面面相觑。

老师的脸红了又绿，绿了又红，愣了好一会儿，心里竟有一种被这个学生给“完败”，提前出局的感觉！

## 资优教养的“心”解答

### 因材施教：给需求量体裁衣

说打脸，有时真的是言重了。孩子真的是想踢馆吗？

或许有些资优生很享受这样的乐趣，但大多数的资优生不是不尊重老师，而是老师黑板上所教的知识，对他们来说是再熟悉不过的内容。相同的内容咀嚼一次、咀嚼两次、咀嚼三次，会让孩子倒足胃口。

这不是尊不尊重的问题，而是必须考量资优生的“学习食欲”；也并非孩子偏食，而是知识的营养已满足不了孩子的内在需求。

所以，必要时，老师就给孩子来点困难、极富挑战的内容吧！

难度可以往上调升几个级距，深度可以高深莫测。资优生就是喜欢这种口味。

## 接受每个人的局限性

遇上资优生，对老师来说有时是一种飓风般的威胁。

别以为老师就比孩子强，什么都懂。这样的想法并不合理。每个人懂的事情有限，也都有属于自己关注的范围。老师并非全能，资优生也不是。

权威，能不能被挑战？当然可以。只是这需要极大的勇气与说服力，还要看你所提出的观点、看法与见解是否能说服对方。

资优生常常提出一些原创的看法。这对于大部分的人而言是陌生的，而如此的陌生感往往使人感受到威胁。这很自然，孩子也必须学着接受与面对。

教室里，一切都该老师说了算吗？在这里我先打个问号。

但是，在与老师的互动上，必须要维持最基本的尊重。

孩子是踢馆，还是仅仅好问？或许可以私底下听听他怎么说。

## 欣赏孩子的好奇心

别被资优生的好奇心吓着了。我们要让他了解，每个人都有自己懂的界限与范围，没有人是全能的。

好好欣赏资优生的好奇吧！享受他所展现的好奇吧！我们多久没有像他一样地好奇过了呢？

资优生强烈的好奇心，驱使着他往未知的知识国度前行。他并非要让大人难堪，也绝非想找人较劲。虽然有些孩子很享受通过高规格、连珠炮式的发问，让人招架不住的感觉，但并非所有资优生都如此。有时，他只是很单纯地表现出好奇心而已。

有了好奇心，我们才有机会接触更广大的绮丽世界。

# 第四章

# 成长型养育

## ——为天资出众的孩子扫除“路障”

# 资优生因成绩落后而深受打击，怎么办？

## ——重新定义“优等生”

“哥哥好心疼你，妹妹，你就像个坠入凡间的精灵……”哲熙心里想着。他想要安慰高二的妹妹若熙，却又不知该从何说起。

妹妹从小学、初中一路向前，高中顺势进入资优班，但是心思细腻的哲熙发现，自从进入高中资优班后，妹妹的笑容似乎越来越少，心情好像也总是很沉重。

他知道妹妹习惯在脸谱网上记录自己的心情，而且，因兄妹俩的感情好，所以妹妹给了他浏览权限。

哲熙明白，妹妹需要一个倾吐心情的窗口。只是，读着她脸谱网上的一段段文字，自己除了点赞表示已读或选择心情符号表示倾听，实在不知要写下什么样的留言，才能帮她重新找回笑容。

我笑不出来。笑容已离我远去，没有任何让我开心的事发生。这种感觉令人厌倦。我无法想象自己怎么会沦落至此。天啊！这不是我的世界。我不属于被踩压在底层的一群，不该的。但每天醒来，残酷的现实就摆在眼前。我找不到原来的那个我，那个明亮、充满自信，甚至带着一丝傲慢与自大的我。我好不快乐。

我也想要奋力一搏。当然，这要使尽全部的力气，就像赌徒一样，甚至只剩一条命可以下注。我很可能就此全盘皆输，赔上自己仅有的自信与自尊。

这是一场不可能的任务。墙那么高，我哪里攀得上去？这是一场必死的牺牲。不知何时，我竟成了别人眼中的祭品、待宰的羔羊。垫底？落后？这怎么可能出现在我身上！

进入了这所人人称羡的梦幻高中，对我来说却一点都不梦幻，甚至可以说是一场我想拔腿就跑的噩梦！我到底是谁？没了第一名光环的我，还是原来的我吗？以前长期坚守在第一名的我，那是真正的我吗？闪光灯的焦点转移到了别人身上，我不再亮眼了。我觉得自己读书的心变得冷淡了。我真的有能力吗？我到底还有什么存在价值？我实在忍不住开始怀疑自己，甚至怀疑我在资优班的一切一切……

哲熙知道妹妹的天赋资质并没有消退，但身处群英环绕的资优班，尽管努力，无奈成绩表现却节节败退，她能承受吗？

望着眼前落寞的妹妹，哲熙知道，她的内心有许多声音，正等待身旁的人静静聆听。

## 资优教养的“心”解答

### 陪伴孩子面对挫败感

孩子的天赋并没有像喷漆褪色，也没有像瓷砖剥落，但很残忍的是，一进入高中资优班，实际成绩却直直跌落。一次一次的测验、考试，让从念小学开始便长期占据第一名的她，像坐滑梯一样，一溜烟就到底了。

想要逆向再度爬上去，但那条路实在太滑了，没多久，又被人推挤下去，再度垫底。

没有人喜欢挫败。然而，在高中资优班里，孩子却被迫面临如此的挫败感，发现自己的成绩不再亮眼，很尴尬而难堪地成了垫底的人。

让我们试着体会这种感觉：小学六年、初中三年，自己几乎是考试的常胜将军，从没想象过成绩落在中后段的同学到底是什么感受。但一进入高中资优班，在全班都是高手的情况下，昔日安然在前端发光的自己像被关掉了总开关，快速熄灭，进入人生中学习的黑暗期。

许多父母与孩子可能都没想到，当一群天资聪颖的学生聚集在一起的时候，就如同武林大会，高手之间终究需要一较高下，“胜者为王，败者为寇”。

进入重点高中后，局势霎时转变，梦幻破灭。不想承认自己退步了，但对手群真的是太强大了，让人喘不过气来。局势转变快得令他措手不及，有种兵败如山倒、全军覆没的感觉，使人窒息。然而，尽管再不喜欢，他还是深陷其中，难以抽身远离。

而这个时候，身旁的我们能做的就是给予“陪伴”，陪伴孩子走过这段低潮期。

## 想逃避，是很自然的

其实，孩子是心有不甘的，毕竟自己明明是属于“优等生”，不该垫底。现实的惨烈，很容易让人产生一种强烈的逃避的欲望。

我们可以让孩子知道，有这种逃避的想法很自然，逃避在许多人的生命过程中是经常出现的。不需要自责，不需要有罪恶感，这是自己当下最真实的情绪写照。

我觉得累了，非常累，非常非常疲惫，因为我不知道自己身在何处。我想放弃了，这里似乎不属于我。茫然、迷惘……我好想、好想、好想逃离这个框框，丢掉资优生这个身份。我不再喜欢自己，甚至开始厌恶自己了。有谁可以告诉我，为什么我要背负着这个资优生的十字架？为什么我要踏进资优班？

请让孩子说，请让孩子写。孩子需要有宣泄的出口。

接纳孩子所写、所说的内容，先别针对内容进行评判与说教。

让积压在孩子内心已久的抑郁堰塞湖，通过表达，敲开一个缺口，使那股负面情绪汩汩流出。

当孩子产生逃避的想法时，请别指责他。他需要你的支持，需要有人了解他的处境，陪伴在身旁，让自己觉得不孤单。

## 挥挥手，离开赛局

电影《蝙蝠侠：侠影之谜》中，主角布鲁斯·韦恩的管家说过一句话："为什么我们要跌倒呢？因为我们可以学习如何站起来。"

当孩子跌倒了，我们都期待他能够原地站起来，接着重整心情与装备，继续奋战下去，就像励志电影里常见的场景——拳击擂台、田径场或自行车比赛，当然，也包括人生成长的道路。

倒地，再起，奋力向前！这样的影像逆转很振奋人心，也呈现了一个人如何成功的细节与历程。

但是，如果孩子此时的状况并不允许他继续奋战，那么在跌倒后站起来时，他能不能选择离开眼前的赛局，重新寻找一个适合自己身心特质的领域？

我想，这也是选项之一，无关对错。

## 接受自己的失败

孩子需要引导，来帮助他提醒自己：即使有所谓的失败，也是就一件一件事情而论。而不是全有或全无，以偏概全地认为人生就此以失败收场。

但我必须强调，这里所讲的失败是很单纯地指：以往长期在课业上排名领先，现在却垫底。

资优生不是所向无敌吗？为什么还需要为了成绩奋力拼搏？这当然是一种误解，然而不可否认的是，这样的误解很容易蒙蔽孩子的内心。

何不试着让孩子换个角度，把一心奋力拼搏，调整为对他人的欣赏与虚心请教呢？

## 重新定义“优等生”

身处成绩优等生，那种狠狠摆脱其他选手的感觉会让人上瘾。也因此，要孩子潇洒挥别过往曾经拥有的优等生风光，谈何容易。

既然无法挥别如此的自我期许，那就接受它也无妨，但是可以重新定义优等生。

什么是优等生？在小学、初中阶段，如果真要比较的话，或许是与班上一般同学相较，在特定的学科成绩表现上胜出。不过，到了高中资优班，可以给优等生一个新的解释：不是资优班内的相互比较，而是与资优班外的比较。

我们怎么“想”，将会顺势影响自己后续的感觉与行动。想法的魔力，真的很强。

但是，请你提醒孩子——也提醒自己：“比较”过度，有碍身心健康。

# 资优生否定自己，怎么办？

——我们是孩子的“重要他人”

担任高中资优班的班主任多年，玫伶老师很清楚，这群青春期孩子就像是哲学家，对于自我与人生有一套自己的看法，并且普遍存在着自我怀疑。而今年带的这个班上，心思极细腻的东灿是让她特别关注的一个学生。

资优生原本就有敏感的特质，东灿尤其如此。长期关注东灿，发现他刚开学时信心满满，和自己也很亲近，但是从第一次月考成绩不理想后，他整个人就消沉了下去，变得越来越畏缩、没自信，和班上同学也疏远了。

“我该怎么帮助这孩子呢？以他的个性，直接找他谈，反而会逼得他更退缩……对了，脸谱网呢？听说东灿有把脸谱网当私人日记写的习惯，或许他愿意把阅读权限开放给我……”

这一晚，东灿反复读着自己在脸谱网上留下的一段段心路笔记，目前的阅读权限都是“只限本人”。其实他很想跟朋友分享这些心情，却始终犹豫再三。

他觉得很矛盾。当只限本人阅读时，种种想法压抑在心里，令他难耐；但开了一扇窗向他人敞开自己的内心，却又使他深感不安。

以前在普通班，我总是常胜将军，胜利唾手可得。但是现在，资优班里的每一个同学都拥有非常非常强的能力。虽然我很努力，但强中自有强中手，我离曾经的第一名越来越遥远……

东灿一遍又一遍地读着脸谱网上的文字，像是对自己倾诉。

我一直都很敏感，进入高中资优班，让我更是过度敏感，更加在意分数、排名和比较。没有人喜欢挫败，可是在这个班上，我却被迫面临如此的挫败。我的光环不再了，黯然失色。闪光灯的焦点转移到别人身上。我不再亮眼了。

东灿好想有人可以看见这些话，听到他内心充满疑惑的呐喊。

我觉得自己的学习热情好像冷却了。我忍不住开始怀疑自己，怀疑自己的能力和存在价值，怀疑我在资优班的一切一切。我到底是谁？拿掉了第一名的金牌，我还是原来的我吗？而以前那个总是第一名的我，是真正的我吗？

读到这里，他的眼眶微湿，突然觉得好孤单，同时也十分茫然。

“叮咚！”脸谱网上响起消息提示音，东灿一看，发现是玫伶老师发来好友邀请。

玫伶老师？……好久没找老师聊天了，好怀念啊！她是最了解我的人。但现在的我实在没脸去找她。如果把老师加为好友，再把她设为分享对象，是不是就能像以前一样，让老师明白我的心情？

东灿对着玫伶老师的交友邀请按下“确认”，并将玫伶老师设为唯一的发文分享对象，写下了此刻的心情。

我开始怀疑我自己了……我真的是资优生吗？如果是，为什么我的表现会这么烂？还被大家笑“原来资优生也不过如此”。难道我真的是冒牌货、假的资优生？唉！如果当初没有得到这个身份，我反而可以自由自在一些，不是吗？

玫伶老师神情专注，一字一句细细咀嚼着东灿所要传达的信息。她知道，东灿这个大孩子需要有人陪伴他解惑，消除对自我的怀疑。处在举目皆是精英的同侪中，自己的成绩表现不如以往出色、亮眼时，更会使人对自己产生强烈的怀疑，痛苦难耐。

“叮咚！”东灿又写下了一段文字：

我到底是一个什么样的人？不要以为我多了一副厚厚的眼镜在鼻梁上，就像个学究。对于周遭的人来说，身旁有一个这样的朋友有什么意义呢？而我，又是怎么看我自己的呢？老实说，我也不晓得。身旁的人总是为我套上过多的框架和期待。难道所谓的自我，就是必须满足别人对我的期待？我是谁？我到底是谁？

这一晚，脸谱网上东灿的心情文字在这里定格。望着这些文字，玫伶老师心疼地想：我该如何为这孩子驱散他心中如雾般的疑虑？

## 资优教养的“心”解答

### 维持原来的自己

孩子需要接纳最真实的自己。请先协助他，一起掀开那一床“资优生就一定该怎样”的大棉被，盖着它太令人窒息了。

谁有权利规定别人“一定要怎样”或“应该要怎样”呢？人生的游戏规则里，可没有这一项。

就像电影《心灵捕手》里的一句话：“威尔，你是个天才，这一点毋庸置疑。没有人可以完全了解你的深度。”每个人本来就有自己的风格。虽然资优生的特质显得相当强烈与突出，但是请接受自己原来的模样。

请多多倾听孩子：他为什么要否定自己的想法？为什么要否认自己与生俱来的特质？

让资优生了解自己的感受、独特的感受、很自然的感受，这也是一种很个人化、需要被尊重的感受。

我们对自己的概念往往会受到别人意见的影响。别人怎么看自己，很容易就决定我们对自己的主要看法。但是，如同《心灵捕手》里的这句话“没有人可以完全了解你的深度”，让孩子了解，周遭他人看待我们的只是某一个片段而已。

对于家长（也许还有老师），我要特别强调的是：面对资优的孩子，请完整地看待他们“整个人”，而别像看拼图般，只注意零碎的片段或天赋，只看到他突出的部分。不要让资优生在别人的印象中只剩下分数、评比、排名与奖项。

请让孩子维持自己原本的模样。

## 孩子，你并不孤单

会产生自我怀疑是很自然的事，但是，身处其中的孩子往往走得相当孤单，他内在的疑问没人瞧见。而“我是谁”这样的问题，往往让这群爱思辨、好思考的小哲学家，终日陷入苦恼。

我们可以分享自己的成长经验，让孩子知道，关于“我是谁”

的自我怀疑，其实普遍存在于每个人的成长过程中。这并非资优生专有，爸爸、妈妈也都为此烦恼过。

除了这样开导，对于思绪相对敏感、细腻的孩子，也需要特别留意他所思所想是否太过深入、太形而上或太抽象，陷入了注定逃不开的循环而不自知。

## 以欣赏取代比较

你关注的，到底是孩子资优的特质，还是他这个人？

资质优异是孩子与生俱来的天分，更是属于他的一部分，终其一生都将伴随着他。面对资优的孩子，让我们试着引导他们培养“欣赏”的眼光，走出“比较”“排名”的旋涡。别让孩子将自信建立在别人的挫败上。胜过别人，并不等于就赢了自己。

让孩子从其他资优生的学习模式中，看见彼此的亮点，萃取可供自己参考的元素。

## 了解“自我概念”是如何形成的

有些资优生会尝试通过周围认识的人，来塑造自我概念。例如：周遭他人怎么看待、定义与解释他的资优天分，怎么说他，他所认识的这些人有哪些特质。另外，兴趣、能力与外在条件，也都左右着孩子自我概念的形成。

请别再当只看分数、排名的父母与老师了。别让孩子的世界及眼界只剩下数字。请试着看见他的内心、需求与特质，以及他所关心的事物，这样我们对他才会有更合理与贴切的了解。我们怎么看他，同时也进一步形成了他的自我概念。

虽然随着年龄的增长，自我怀疑的感觉仍然会不时地浮现，但一旦自我概念清晰了，自我怀疑也就比较容易烟消云散。

## 不要期待干涉别人的脑袋

别人的脑袋里到底装了什么样的想法？正向的？负面的？励志的？偏激的？

无论是什么，那都装在别人的脑袋里，我们管不着。

这些难以掌控的想法，会透过对方的口、对方的笔、对方的行动展现出来。连他们自己都无法管，我们干吗要在乎呢？

我常常分享这段话：“我没有办法控制别人说什么，但我可以决定自己怎么解释这些话。”

把这个概念跟孩子分享，他会更容易了解你的意思：我们能管的是自己的辖区——自己脑袋中的想法。至于别人脑袋里的，就随它去吧！

当我们眼睛一睁开，就下意识地选择了所注意的世界。我们选择怎么看、看什么，也就决定了自己一天所累积的记忆与生活。

遥控器在我们自己手中，没有人可以强迫我们收看哪一台。

就像照相机在手，按下快门的一刹那，要捕捉什么画面、撷取哪一个镜头，都可以由我们自己决定。

带着孩子一起，让自己多与美好的事物联结在一起，你和孩子都将越来越喜欢被美好所围绕的自己。

# 资优生的时间永远不够用，怎么办？

## ——画出时间管理“田”字格

从网络上看到一拨又一拨关于《精灵宝可梦 Go》[1] 游戏的消息，小嘉心想：“我一定要把握机会，好好赶上这个宝可梦浪潮。”

这会是个好机会，他终于能融入同学之中，跟他们有共同话题，有默契地一起探索周遭的世界了。

发现孩子因为宝可梦而眼睛亮了起来，一旁的爸妈深深地倒吸一口气。他们知道一旦小嘉决定做一件事，就会全心投入。

“老公，怎么办？这次让我焦虑到有点头痛。我很担心小嘉一陷入那个游戏里就一发不可收拾，他很开心地一直强调，好多同学都相约抓宝聊天。可是另一方面，好久没看到他这么神采奕奕了，让我又开心又担心，真的不知道该怎么办才好。如果什么事情都顺着他，要是他没有好好地规划和运用时间，很容易就浪

[1] 《精灵宝可梦 Go》：由任天堂、口袋妖怪公司和谷歌公司联合开发制作的现实增强宠物养成对战类角色扮演手游。

费掉了。”妈妈担忧地跟丈夫讨论。

“老婆，顺其自然吧！我相信小嘉对于时间该怎么运用有他的思考，能分配得恰到好处。这次，他终于找到一个和同学有交集的话题，我想这多少有助于拉近他和同学间的距离。”爸爸倒是气定神闲，对儿子很有信心。

但是妈妈还是不放心。“不行，他在时间运用上都太‘偏食’了，只做他爱做的。有时候一股脑儿地投入，把时间、精力都投注在一件事情上，根本不管过了多久，结果真正该做的事却没做。他要学会判断什么事情是重要的，什么事情是优先的，还有哪些鸡毛蒜皮的事要先搁着。”

“我看哪，为了这些事情跟孩子起争执也不是办法。只要教小嘉一些方法，他应该可以学得很快，可以慢慢练习顺着时间的节奏走。他是资优生，时间管理对他来说是轻而易举就能学会的。”爸爸对于小嘉的自律充满信心。

对任何人而言，一天的时间都是24小时，限量供应，再公平不过了。没有人可以通过任何游说、特权或台面下的暗箱操作，多抢到一些时间。一天就只有24小时，不容争辩。

也正因为每天的时间很有限，所以“该做”的事、“喜欢做”的事和“想做”的事，这三者到底哪一项优先，往往成了亲子之间的争执焦点，动辄破坏彼此的关系与当下的气氛。

关于资优生的时间议题，有几件事情需要被关注。首先，孩子很容易陷入一件事废寝忘食，忘了时间，或者忘了该做的事情没有做。另外，孩子每天被安排了很多待办事项：原班的功课、资优班的功课、补习班的功课，外加才艺班以及其他你期待他上的课。现在，我们可能还需要把玩游戏的时间算进去。

现代家长的烦恼，有一大部分在于孩子喜欢做一些跟功课无关的事情。因为如果孩子花了太多时间在这些课外的事情上，可能会让父母感到焦虑不安，觉得他在“浪费时间”。毕竟时间就是这么多，父母们多么希望孩子好好分配时间，多花一些时间看书、准备考试。

资优生的智商高、能力强，但也往往忙得像个转不停的陀螺，该如何协助他们科学运用时间呢?

## 资优教养的“心”解答

### 分享胜于掌控

有些资优生的个性很硬、很倔，不太容易妥协。他们不太去管那件事重不重要，就只是固执地全心投入，因为对他们来说，“自己感兴趣的事”就是最重要的事。要说服这样的孩子，难度很高。

如果你想要协助孩子提高时间管理的能力，请先提醒自己：分享你的想法就好，别想要掌控孩子。

没有人喜欢被别人决定时间应该怎么安排（除非眼前的孩子

还处在 4 ~ 8 岁的“他律”阶段，需要父母在一旁协助规划）。分享你的想法就好，别过度干涉，否则当孩子噼里啪啦地跟你讲一堆“时间该如何运用是属于儿童的基本人权，父母不应该过度干涉”之类的道理时，你难免词穷，不知道该如何回应。

## 优先与重要事项出列

孩子需要学习的时间管理方法重点在于“时间的分配”，而不是为了配合大人，做更多的事。

你的孩子关注什么事？他的时间大多花在哪里？他每天是否都会留下未完成的事？让孩子试着为自己做的每件事打分数，让他体会到：如果有良好的时间管理能力，就可以做更多自己喜欢的事。

帮助孩子了解他自己的节奏，也就是自己在什么时间做什么事，最能充分发挥效果，既保证高质量，又做到高效率。

比较容易引发争执的原因，就是亲子双方对于何为优先的事、何为重要的事存在分歧。请注意，既然要沟通，就应该给彼此留一些空间和余地。若父母高举着“我说了算”的大旗，则很难让孩子心服口服。

资优生自有一套判断方式，我想，可以试着听听看他们怎么说，找到彼此都能接受的交集。

该做的事、喜欢的事、想做的事、被迫的事、不擅长的事、想逃避的事、琐碎的事……给孩子一段时间，在时限内，运用智慧把所有这些事排出先后顺序。

面对时间，我们真的必须很现实地让孩子了解其有限性。没办法，能够运用的时间就是这么多。

## 完成待办事项，练习自我检查

过度激动的特质，让资优的孩子常常一冒出某个念头，就迫不及待地想要去做。不过，我们要提醒他考虑到一点：目前这段时间内，他是否有些“待办事项”需要完成。

让孩子评估做每件事情所需要花费的时间，建立属于他自己的标准作业程序。而最好的放松方式就是把事情做完，无事一身轻。

## 充分运用“二八法则”

孩子需要练习去判断在每个时段里，自己的身心状况及专注力表现情况。

例如：上午6～7点，下午1～3点、4～6点，或晚上7～9点。这就像做生意有淡季、旺季，或者上、下班有早晚高峰一样。

让孩子搞清楚在什么时间，自己的专注力、执行力、思绪的清晰度、记忆力、思考力及体力是最佳状态，把重要及优先的待办事项集中在这个精华时段进行，使其充分发挥效果。就像二八法则，将 80% 的事情，集中在这段 20% 的时间内完成。

以同样的方式，再逐渐判断自己的次佳状态时间、头昏脑涨时间……

请孩子练习标注他的阅读时间、书写时间、运动时间、娱乐时间、家人相处时间等，甚至游戏时间也要记下来。

人终究不是机器，没有办法 24 小时都保持高效的运转状态，所以有必要掌握自己在每个不同时段的状况，并安排不同的待办事项，选对时间、做对事情。孩子慢慢会发现，自己对时间的安排与规划越来越得心应手，执行的成果越来越好。

不过，记得要提醒他，像休息、放空、娱乐等低耗能的事，要尽可能在自己状况不好的时段完成。

## 串联起顺序，提升流畅性

在时间的运用上，让孩子练习将相同性质的事情集中在同一个时段里完成，也就是同步处理。例如，把需要上网查阅资料的事情，选在同一个时段进行。

不过，如果孩子的特质是属于跳跃型的，在不同事务之间切换更能发挥最佳效率，这也行。

我们希望孩子启动“时间管理”模式，开始有效管理及调配自己的时间，但不见得大家都要套用相同的模式，每个人都可以找到适合自己的最佳方法。

接着，让孩子练习串联自己做事情的顺序与节奏，排好做事的次序，比如：动态与静态，思考与记忆。借此慢慢找到起承转合、行云流水般的做事节奏与流畅性，当他做起事情来，就像一首诗、一段轻快美妙的交响乐一样顺畅。

## 创造“多赢”的模式

资优生有许多迷人的特质，例如具备敏锐的观察力，同时可以在过往的经验中，找到他人不易察觉的关键讯息，外加学习能力超强，以及面对新事物能迅速吸收、理解等，因此在时间的运用上，可以让孩子自己有效归纳、整理与分析，总结出一套最漂亮的“多赢”策略。

比如宝可梦游戏。孩子可以很快地洞察到，这是一次让自己与同侪建立密切交集与互动的难得契机。自己的记忆库超强，有数不完的“宝可梦”可聊。和同学相约外出游戏，除了提升人际关系，他还可以扮演导游，给大家分享他丰富的社会人文知识，同时，又能进一步观察同学对于解说的反应。

此外，跳脱宅男生活，走出家门，在寻找宝可梦的过程中，除了让孩子对周遭的生活多些关注，也能兼当运动。同时，借由吹风、散步与转移注意力，还可达到缓解压力的效果。

我们只要在一旁，相信孩子就好，相信他一定可以找到“多赢”的模式，让时间发挥最高效能。

## 画“田”字格，排出轻重缓急

让我们试着思考看看：孩子可以怎么使用时间?

请注意，这里强调的是“可以怎么使用”，而不是“该如何使用”。

想象有一个“时间的礼物”摆在眼前。如果不用拿来准备功课、看书和写作业，孩子的脑海里，或许会很自然地浮现出许多“想做”的事情。

至于这些“想做”的事情，是否是父母愿意让孩子去做的?对于答案，在此我持保留意见。孩子“想做”的事情，或许已被忙碌的课业、补习和才艺等事情，压抑在内心绝望的角落了。

在“想做”与“需要做”之间的拉锯，往往也是亲子沟通及冲突的关键点。特别是家有青春期的资优生时，争执情节往往像八点档的连续剧，不断上演。

正为此烦恼吗? 别担心，有个方法可以帮助孩子学会排列众多待办事项的先后次序。

拿出一张 A4 大小的纸，在上头画出一个大大的“田”字，然后分别在 4 个方格里标出：重要、不重要、紧急、不紧急。于是会呈现出 4 种排列组合：

1. 又重要又紧急
2. 重要但不紧急
3. 紧急但不重要

## 4. 不紧急又不重要

这个模式，你应该不陌生。不过，能否彻底执行则是另一回事。

和孩子一起思考眼前的待办事项，接着将它们分别填入 4 个格子内。

通过讨论，亲子之间可以基本确定眼前事情的优先级，同时提前规划自己的生活内容，并且培养孩子拥有好好过生活、过自己心目中生活的能力。

在讨论过程中，双方在“重要”与“优先”、“想要”与“需要”方面，多少会产生冲突。这当中，虽然没有标准答案，但是我们可以有彼此讨论出的共识。

基金投资广告的最后都会接一段很经典的警示语：“投资一定有风险，基金投资有赚有赔，申购前应详阅公开说明书。”这里不妨把它改为：“放手一定有风险，时间投资有赚有赔，运用前应详阅公开说明书。”这里的公开说明书，指的是亲子之间经由讨论所形成的共识。

让孩子学习负责自己时间的操盘吧！在“合理”范围内，放手让孩子练习对时间的自主规划。父母需要一些勇气，孩子需要一些自律。至于效果如何，就看亲子之间如何携手，将时间“浪费”在美好的事物上。

“神啊！请多给我一点时间。”这是许多孩子内心的呼喊。您，听见了吗？

## 孩子不想再上资优班了，怎么办？

### ——孩子有属于他的适当位置

“我不想上资优班！”昕妍一回到家就把书包往沙发上一扔，抛出这一句令妈妈傻眼的话。

“昕妍，你说什么？妈妈有没有听错？”

“我说我不想上资优班！”昕妍加重语气又把话说了一遍。

“这……这……”妈妈一时哑口无言，因为她从来没想到会有这个问题，“你在资优班不是一直都好好的吗？”

“什么叫好好的？小学和初中的时候倒还好，可现在高中的资优班完全不是一个概念。你根本搞不懂！”昕妍表现出不以为然的态度，觉得妈妈根本搞不清楚状况。

“你知不知道高中资优班里竞争有多激烈？我现在面对的竞争对手个个都是重量级的，你懂吗？”

妈妈似懂非懂。

“你知不知道，班上同学看我的眼光让我极度不舒服。那种对我的鄙夷、瞧不起，好像觉得我跟他们不是同类人。如今的我被同学远远甩在后面，连最后一班车的车尾灯都看不见，我好慌，老是焦躁不安。为什么会这样？成绩好又代表什么？我好迷惘，找不到方向了！”

昕妍越说，语气越急。可以想见这股压力已经积压在她内心许久，对着妈妈就像有了一个缺口，溃堤了，所以她一股脑儿地将怨言抛出。

“我知道敏感是我的特质之一，而这种敏感让我太容易负面思考。我好不开心喔！好讨厌这一切，不知道该找谁说。就算说出口了，我也怀疑有没有人听得懂，就像现在。我像被困在一个笼子里，不管喊得多么声嘶力竭，周围的人都听不到。好想逃走，可是能逃去哪里呢？没人知道我心里在想什么吧！连我自己都不知道了。”

面对昕妍连珠炮似的反应，妈妈感到有些招架不住。

“妈，我不想再上资优班了！”这句话再次精准地击中妈妈的要害。昕妍妈妈知道她现在急需要救兵，只能衷心期盼丈夫赶快下班回来解围。

当家里的资优生拒绝再上资优班，受窘的爸妈到底该怎么办？

## 资优教养的“心”解答

### 衡量孩子面对压力的承受力

我们这些做爸妈的，常常会为孩子未来的生活与教育做许多的规划。这么做美其名曰是出于好意，但我们忽略了一个事实：身处在其中的，是我们的孩子。

当孩子不断抛出求救的讯息，当他不断在资优班的大海里载沉载浮，我们却依然在岸上围观，评头论足。

孩子已经用尽力气，不断挥动着双臂且疲惫不堪，我们却残酷地不愿或不知该不该抛下救生圈给他。最后的结局，你应该凭想象就可以知道答案了。

每个孩子所面临的压力源不尽相同。同一件事情，例如考试排名、分组讨论、上台发言或同学间的冷言冷语，对于不同的孩子，所产生的压力也不同。

千万别如此质疑孩子：“为什么其他同学可以，你就不行？”这样的说法，很容易拉大亲子之间的距离，而且会让孩子觉得你并不了解他。

压力源不一定都是负面的，例如落在班上后三名是压力，考到班上前三名也是压力。

面对刺激时，孩子需要具备高强度的抗压性、高质量的挫折忍受力，以及应对压力的调适能力。

你了解孩子能够负荷的压力有多少吗?

## 拒绝是勇气，选择是智慧

进了资优班之后，因为适应不良而决定退出，需要的是一种“放下”的勇气。放下，不仅挑战着孩子，对父母也是挑战，真的非常不容易。毕竟孩子好不容易进了资优班，怎么可能如此轻易就让他离开?

有些爸妈会认为，反正已经进去资优班了，就算成绩再怎么差、排名再靠后，自己的孩子仍然属于“资优款”；或者抱着一种天真的想法，认为资优班等于升学保证班。

抱歉，没有人可以向你保证这一点。

每个孩子都有属于他的适当位置。到底要怎么做，需要我们谨慎与细致的观察，以及亲子间的沟通、讨论和磨合。

面对孩子的拒绝，请先抛开“留下来或选择离开”这种非黑即白的二分法。少安勿躁，别急着做决定。

## 厘清孩子无法适应的关键原因

当孩子拒绝再承受所谓“资优生”的身份时，首先，我们要厘清他无法适应的关键原因，并且进一步寻求解决之道，有助于更清楚地了解他的身心状况是否适合继续下去。

许多孩子抱怨在资优班有压力，这种负担可以想象，特别是如果他在初中的成绩总是名列前茅，一旦进入高中资优班，周围的环境一下子改变了，放眼所及，都是高手，这会让孩子觉得喘不过气来。

身旁同为资优生的超能力像低气压笼罩着他，让孩子的自信越来越低，低到快不能呼吸。

甚至，如果自己的表现没有以前那么优秀了，还会让他怀疑起自己是真资优还是假资优。

资优班里的无所不比，自然唤起了孩子的自卑与焦虑。孩子心里是否能承受？学习表现是否能突破？无法适应的关键问题，短期是否能解决？这些都将影响着最后去留资优班的决定。

## 家有资优生，该不该让他跳级？

——倾听孩子所要，而非父母想要

现代人看待教育，常希望能够“快一点”。只可惜不能用飞的，要抢快，就只能选择“用力跳”，一跳、二跳、三跳，小学少一年，初中减一年，高中再缩短一年。

跳级生，也常常成为新闻话题，比如《联合新闻网》刊载《精诚跳级生　台大医科有望》，还有《电子报》的《跳级生吴柏勋高雄区特招榜首》等。

看孩子这么会“跳”，父母很乐。对于跳级的当事人来说，心情却很复杂。

“老公，你想，该不该让哥哥去跳级？他现在英语、数学都已经学得滚瓜烂熟了，如果老是学一样的内容，那不是太浪费他的时间吗？”妈妈说。

“哥哥现在读资优班已经很好了，不要再徒增他新的压力啦！”爸爸有些不以为然地回答。

“可是，能够缩短一年的学业时间不是很划算吗？让他在新的一年里，提早学习新的课程内容，这样不是很好？你没看新闻里，那些跳级生的爸爸妈妈眼睛多亮啊！”妈妈不放弃地补充。

爸爸却说出了内心的顾虑：“但你有注意吗，有些跳级生的眼神多么黯淡。哥哥的英语、数学是比别人强很多，可是我担心他的身心状况还是个小孩子，讲话还很稚气，面对问题的解决能力也不够强。他的个头这么小，在学长学姐的班上，怎么看都是小不点一个，这样不是很容易被欺负吗？”

“可是如果他有缩短年限的学习能力，为什么不缩短呢？我很在意的是，这样可以比别人少花一年耶！跟同年龄的孩子相比，也等于多跑了好长一段距离，这样也可以提早一些学到以后进入社会的能力，不是吗？”她极力想要反驳丈夫的话。

但丈夫也相当坚持：“老婆，别再锦上添花了。对哥哥多些雪中送炭，把他相对比较弱的能力再加强啦！我倒不希望孩子眼中只有英语跟数学。就算他英语、数学很强，他还是要跟人家相处。在这个社会上生存，不能脱离人的。”

“可是他有跳级的能力，为什么不跳级？一年可以省多少时间，你知道吗？”妈妈像循环般在跳级的话题上打转。

“To be, or not to be, that is a question.”如同莎士比亚写在《哈姆雷特》里的这句话。想法的不一致，使夫妻俩在“孩子是否跳级”的问题上陷入了两难。

## 资优教养的"心"解答

### 跳级非零和游戏[1]

跳不跳级，不是零和游戏。虽然最后终究会有一个答案胜出，但是，关键在于我们如何思考"跳级"这个议题。

有些父母心里可能这么想："一步一个脚印不是比较踏实吗？让孩子在学习上比较轻松、自在，反而可以多出更多时间，去学习他比较弱的人际关系处理。"

的确，除了聪明，资优生也需要懂得生活的智慧。不过，如果孩子的身心发展状况适合、学习上有需要，更重要的是他自己有意愿，跳级也是一种选择。

到底该不该跳级，没有绝对的答案，但是在选择之前，必须仔细考虑清楚。并非所有的资优生都得选择这么做，这条路也没有我们想的那么好走，跳级不是孩子想要就能达成的。

### 跳过的空白生命经验

就算孩子在学习领域顺利跳级了，但不可否认，跳级生的生理与心理还是维持在原本的年龄层。

[1] 零和游戏：指参与博弈的各方在严格竞争下，一方的收益必然意味着另一方的损失，博弈各方的收益和损失相加总和永远为"零"。

那张稚嫩的脸庞对我们诉说的是：“有些事，依然没变。”

孩子是以他所擅长的领域，在学习需求上进行加速或跳级，但我们一定要记得，一个孩子的需求不会只有学科成就那么简单。

虽然是出于自己的意愿而跳级，但他还是跳过了属于他这个年龄应该学习的其他事情，例如与人互动的技巧、话题、经验，以及共同的生命感受和共鸣等。

按下了跳级键，宛如按下了空白键。有时候，这一段空白很难再用别的事物去取代。跳过了，就是跳过了。

所以，我们需要静下心来思考：当跳级超龄又超负荷时，这一“跳”，到底跳出了谁的需求？而孩子的需求又是什么？请注意，我要强调，是孩子本人的需求，而不是父母想要什么。

我们把关注的焦点摆在哪里，不知不觉地，孩子也会把目光转移到那里。重点是那些生活的经验、生命的经验，都需要我们一步一个脚印地去经营与感受。有些事物，没办法像看影片那样跳着看或快速播放的。

## 加速，加出了什么问题？

这里要谈的是跳级的“心态”。

有时候，我们需要去思考：加速学习，会不会加出什么问题。

当父母趋之若鹜地考虑让孩子跳级时，当然不能只想到自己的荣耀。对于孩子来讲，超龄学习就是一种超级负荷，无论在身体、心理、人际社交及压力调适上，都会造成负担。

若孩子在跳级的班上显得格格不入，想想看，他的压力会有多大。这不只是能力问题，有些事情不是说变就能改变的，比如他的个子、说话方式、兴趣或能力，还包括平时没被注意到的地方。

如果说资优生无法融入一般同侪之中，那么，跳级生就是另一种双重的不兼容。不光是受到别人怎么看的影响，孩子还会处在一种与自己的年龄完全不符的压力中。

真的，请你仔细去考虑孩子内在的想法。不要因为跳级，使得孩子只看到未来的阶梯，而忘记注意脚下所踩的那一阶。有时候，一失足很容易坠入万丈深渊。

## 重新定义所谓的“竞争力”

曾经在一场演讲中，现场有位妈妈问了我一个问题：

“老师，你把全家搬去宜兰，会不会担心孩子没有竞争力？”

当时，我立刻抛出了一句反问：“请问什么是竞争力？”

对我来说，语、英、数这些学科是很基础的能力。除此之外，我心中所谓的“竞争力”，包括了一个孩子对于土地的认同感、对于周围人的关怀，还有孩子的情绪稳定性、好的挫折忍受力、良好的人际关系、对于周遭事物的好奇与热情、对自己负责任的态度等。这些是我对竞争力的定义。

跳级生是否也可以跳出（发展出）这些所谓的竞争力？这一

点，我很保留。

## 了解跳级的游戏规则

要“跳”，不像口头说说那么容易。缩短学业年限是有游戏规则的，除了有明确的申请方式，还有缩短学业年限的分类：

一、学科成就测验通过后免修该学科（学习领域）课程

二、部分学科（学习领域）加速

三、全部学科（学习领域）同时加速

四、部分学科（学习领域）跳级

五、全部学科（学习领域）跳级

面对跳级，除了孩子实际存在的需求，请先熟悉游戏规则，以判断孩子是否具有取得参赛门票的资格。

# 家有资优生，如何协调手足沟通？

## ——“资优生”三个字，别常说

“妈，为什么哥哥可以在那边玩手机、看小说，都不用做功课？”小月问妈妈。

“拜托，谁叫我是天赋异禀呢？我作业三两下就写完，哪像你资质平庸。所以平时要多加努力，多加练习，别只在那边爱告状！”哥哥说得有些酸、有些傲，让一旁写作业的妹妹听了很不是滋味。

“聪明又有什么了不起？”妹妹不甘示弱地反驳着。

“喔，不对哟。小月，这我可要纠正你了，我这叫资质优异，可不只是一般人所谓的聪明而已，懂吗？”

妹妹双手紧握着笔，如果再稍加用力，那铅笔可能就被折断了。

“你们两个在吵什么？小月，数学作业写完了没？别忘了明天班上有考试。”

“考试，考试，考试，你就只会管我明天要不要考试，为什么你就不管哥哥？”

“嗯，小月，什么管不管哥哥？小星的功课自己都可以轻而易举地应付，又不需要妈妈操心。倒是你……”

“我又怎样？好啦！我就是笨，就是平庸、成绩烂，没有像哥哥那样是资优生啦！”小月情绪激动地回着。

“有自知之明就好。”小星边玩手机，嘴巴边念叨着。

妈妈转身向小星使个眼神，要他闭嘴，别再刺激妹妹了，但哥哥却没有停下来的迹象。

“妈妈，我有说错吗？每个人不是都应该有觉察自我的能耐吗？如果资质鲁钝，那就应该多靠平时的努力来补足，不是吗？小月，你真的应该认命啦！别只是羡慕我回到家可以尽情地玩手机、看小说。我可是有本钱的好不好？别忘了，我们班就只有我一个人去上资优班耶！”

“小星，你就别再……”妈妈很想制止哥哥再说风凉话，但自己也感到词穷，因为，哥哥似乎也没说错。

面对班上的语、英、数等几门基础学科，小星平时真的不需要什么刻意的准备，在班上，成绩就牢牢地钉在第一名。他甚至还不时嚷嚷着磨刀霍霍，期待赶快升高中，好去高中资优班一展身手。

然而，兄妹之间总是为了“比较”“偏心”“资优不资优”而争执，让妈妈好苦恼。说真的，自己卡在中间，常常不知该如何是好。

妈妈常想："如果哥哥能够谦虚一点、体谅妹妹一些，或许这对兄妹的相处就能更和谐了。"

小星和小月两个人，一个在沙发上，一个在书桌前，看在妈妈的眼里，虽然是很近的距离，但其实彼此的内心却很遥远。

## 资优教养的"心"解答

### 聆听"公平"这回事

当家里有不止一个小孩时，"公平"这两个字，总会在孩子嘴上提起。

"不公平！"

或许爸妈觉得在客观上，自己已经维持了一定程度的公平，但开口这么说的孩子，心里的感受却很真实。

请不要忽略孩子的声音。

我时常提醒父母一件事：面对孩子所感受到的偏心、不公平，请当真，请正视。孩子愿意表达出来，还是好事一桩。就怕孩子把不满、怨怼与委屈压抑在心里，而让自己的想法扭曲、变形，认为爸妈不爱自己。

你可以仔细聆听，孩子如何申诉自己感觉到的不公平。

故事里的妹妹小月直接地表达不满：为何哥哥可以痛快地玩，而我却得辛苦做作业？

孩子抛出了疑问，但或许你认为，兄妹俩彼此在能力上本来就不同，完成作业的速度与效果自然不一样，这到底该如何“公平”？

以小月的故事来说，我想，爸妈可以试着让妹妹说说看，在这个时候，她自己期待大家该怎么做。例如当自己仍然在写作业时，哥哥是否可以先不要在一旁玩，特别是玩手机，这多少会妨碍到她的思绪。

让孩子提供对“公平”的看法与做法，对于非资优的兄弟姐妹来说，心里会比较容易释怀。

## 尊重孩子的不同亮点

我们怎么看待孩子，往往也决定了孩子如何看待自己、看待别人。

父母越去强调、去关注、去谈论、去重视资优生的能力与学业表现，就越容易让非资优的手足感到被冷落、被忽视、被遗忘、被鄙视。

“反正我就是没那么聪明！”其他的兄弟姐妹可能会因而以偏概全地，全盘否定自己的其他特质与能力。

至于孩子是否看见自己的“其他”特质，或者接纳它是属于自己相当“重要”的一部分，就要看父母在家中，是否也会尊重这些与资质优异“不同”的亮点。

亮点的界定，没有一定的标准，只要是这个家庭的成员彼此认可的就行，例如：贴心、懂事、善解人意、谦虚、尊重、温和有礼、诚实、信任与自我负责等。让孩子了解看一个人、看待自己，不是只有一套标准。特别是在兄弟姐妹之间，请别只陷入成绩、排名等学业表现的比较。

找到资优生与手足之间相互辉映的亮点，让他们学会彼此欣赏，我想，手足间的和谐也会多一点。

## “资优生”三个字，请限量说出口

资优生优异的天赋是需要被认识、被了解的，除了爸妈，家中的兄弟姐妹当然也需要了解资优的手足，但是，“资优生”这三个字，却不建议大家在家里经常提起或引用。

在家中，若父母或资优的孩子本人过度地强调“资优生”这个身份，很容易造成兄弟姐妹间以二分法划分“谁资优，谁不资优”，手足之间往往因此而容易擦枪走火，产生嫌隙。

就父母来说，要让所有孩子知道，他们都是爸妈的宝。爸妈爱的是小星、小月，爱哥哥，也爱妹妹。这是一种没有条件的关爱，并不会受到谁是资优、谁不是资优的影响。

就资优生而言，则要请他尊重、同理手足的感受。当他太过于强调自己资优，容易让兄弟姐妹觉得能力被比了下去，尴尬又难受。就让大家在内心里，对资优身份心照不宣吧。

同理的能力，是需要一次、一次又一次，敞开心胸去细心体会的。可以通过日常生活中与人互动认识到，也可从小说、电影的故事里学习。

在周星驰的电影《美人鱼》里有一个桥段：人类使用破坏力强大的深海声呐来驱赶海豚，这时，剧中的男主角刘轩也试着自己体验声呐对海豚的影响到底是怎么一回事。结果，当他感受到极度疼痛、难耐与不适之后，有了深刻体会，进而要求关闭青罗湾所有的声呐——同理，就在这一刻产生了。

资优生，资优生，资优生……这三个字，有时就像魔音入脑，而对于家中其他的孩子来说，更像是深海声呐一般地尖锐、恼人。

请你提醒自己，也教导孩子，发挥同理心，适度把它关闭吧！“资优生”三个字，请限量说出口。

# 家有资优生，如何做好亲师沟通？

——从理解老师的压力开始

当班上有资优生，普通班级的老师还可以做什么？有个念头隐藏在部分老师的心里，彼此心照不宣，一切就依“潜规则”办理——美其名曰是自主学习，说白了就是“晾”在教室里。

可是，初中和小学的时候，资优的孩子多数时间仍然在原班级里，只有少数时间到资优班上课。这样的放空对待，让许多资优生父母担忧，怕会坏了孩子的学习态度，也浪费了时间。

面对家长的疑虑，有的老师干脆直接把话摊开来讲：“我可没把握能教他什么。班上还有其他几十个学生要照顾，既然他都这么聪明了，许多课他应该可以自己来。”

这样的话，是父母最不想听到的。

“老师，他只是一个礼拜里抽几堂课到资优班去上而已，大多数时间还是在自己的班上啊！孩子还是需要帮助的。”

“帮助？我班上剩下的那几十个同学才需要吧。他都去上资优班了，那边会有专业的老师教他啦！不需要我代劳。”老师说。

家长不放弃地继续恳求：“老师，话也不能这样讲，他只是个孩子。”

“没错，而且是个聪明的孩子。”老师不以为然地回应。

“老师，您就别在‘聪明’这两个字上面打转了好不好？”妈妈有些无奈。

“我有说错吗？资优生本来就是比较特殊的学生。既然如此，专业的部分交给资优班老师负责就对了。”老师的语气明显不耐烦又不悦。

“可是，您也知道特殊学生在原班仍需要和其他人融合。”

妈妈试着据理力争，老师却马上酸言酸语地反驳：“融合？那些所谓的自闭症、阿斯伯格综合征、智能障碍或多动症学生才需要协助融合。你家小孩是资优生啊！”

妈妈发现自己遇上了一道铜墙，眼前这位老师对于资优生有很深的偏见，更别说提供什么帮助了。

妈妈感到无力，也有点后悔让孩子去参加资优生的甄试。

“如果老师不知道他是资优生的话，或许只会认为他是个聪明、反应快又成绩好的孩子，也不至于像现在这样一副不理不睬的样子。唉！让他多上了资优班的几堂课，到底是加分，还是减分？”妈妈越想越茫然。

# 资优教养的“心”解答

## 资优是上天的礼物，请笑纳

资优是上天送给孩子的礼物，我们不得不收下。放任孩子的这份天赋不管，并不会因此就没事，反而会碍了事。忽略孩子资优的事实，反而容易让他陷入被误解的危机。

既然是天赋，那就是无法改变的事实。孩子的资质就是如此优异。

只不过，天赋的重量有时会让周围的人承受不起，甚至很怕无法独自承受，对此，在第一线与资优生接触的普通班老师或许深有同感。

然而，资优生教育本身就是教育的一环，是老师们逃避不了的。既然相关法律文件都已写明了，由此所要传达的讯息很清楚：这是一群人共同努力做的事，绝非某个人独揽大局能做成的。

再次强调，资优教育是一群人共同的事。当普通班级的老师面对资优生，在教学上遇到挑战，需要后勤支援时，也可以找资优班老师、专业服务团队等提供协助。

## 关于资优，我们做了什么？

很明显地，资优生的确有他的特殊需求。然而，目前台湾在资优教育上，初中和小学采取分散式安置，孩子平时在原来的普通班级里上课，并依需求接受资优班的服务，不像高中阶段是独立集中成班。

有的普通班老师忍不住会疑惑：这孩子到底归谁带？有些老师甚至认为这是资优班老师的事。这样的想法必须修正。

面对有强势天赋的资优学生，老师千万别只是放牛吃草或任他随波逐流。如果放着他不管，让他以自身的养分自行学习，等于对孩子的天赋置之不理。不仅浪费了孩子的资质，有时甚至可能造成他成长过程中的灾难。

或许你心里嘀咕着："意中心理师，你未免也太夸大其词了吧？哪有那么严重？"很抱歉，就是这么严重。对孩子忽视不理，绝对会导致一场又一场的灾难。

你可能会有些疑惑："把资优生当成一般孩子有什么不好吗？"这不是好或不好的问题，而是资优生本来就不是一般的孩子，他有他的特殊需求。如同多动症、阿斯伯格综合征、学习障碍等的孩子，也一样有他们各自的需求。

我们需要了解资优到底是怎么一回事，关于他的所思所想、天赋，关于他的能力，同时，也需要为他做些事。

孩子的求知需求等着被满足。或许你会想："我担心其他学生眼红啊！"但那些眼红、妒忌或羡慕，正好反映了某种程度上对于资优的误解。

"这不是特权，而是他的需要！"这是我经常说的一句话。

请提醒自己，在班上对资优生进行必要的班级管理调整或教学上的修正，这并不是孩子的特权，而是他的需要，真真切切的需要。

## 重复学习的反效果

如果没有为资优生量身打造学习内容，可能会产生什么样的结果呢?

一次又一次地咀嚼无味之后，孩子很容易对于课堂学习产生无感、排斥心理，甚至放弃。

初中、小学的资优生，在原来的班级很容易遇到这样的情况:当下老师所教的他早已会了，却必须配合其他同学反复学习。这对他是一种无法忍受的折腾，因而开始质疑:

“我都已经会了，为什么还要再学?”“为什么我不能学习新的知识、新的内容?”“为什么我还要浪费时间去听我会的东西?”

这是许多资优生在原班里很容易抛出的疑问。

资优生是一副好牌，但如何打好手上这张王牌，需要的是大人的智慧。

## 同理授课老师的压力

被孩子一拨拨地挑战，的确很不是滋味，面对资优生排山倒海的求知欲，老师真的需要很强大的抗压性。此外，老师对于所负责科目的内容更需要了如指掌。

压力，不只是来自面对学习领域强势的资优生。原班老师管理着普通班，必须顾及其他大多数同学的学习需求，避免上课内容总是以资优生为核心，而忽略了其他人的学习能力与感受。

若资优生父母能够体谅这些，也等于为彼此的亲人、老师关系多添了点润滑剂。

## 师生设定清楚的合约

遵守教室规范，这是资优生需要遵循的基本常规之一。

如同其他特殊学生一样，资优生也不能在课堂上为所欲为。这可不是学校里的游戏规则。

请老师与孩子一起订下清楚的“合约”，把教室里的规则、方向和界限说清楚，让资优生有所依循，例如发问时间与发问内容的拿捏。资优生问的问题，虽然不是人人都能懂或愿意懂；他们不是爱表现，只是想学到更多的东西。

虽然学习的乐趣就在于碰撞出火花，但我们必须思考，那道火花是否会造成其他同学的大爆炸。

## 融合是关键，也是必要

我常讲：“融合很好说，却不好做。不过，融合是一定需要做的。”

什么是“融合”？面对资优生，在学校里，要有一种想要了解与认识孩子身心特质的友善气氛，并理解他们需求的特殊性，接纳他们并给予恰当的协助。在这样友善的校园里，孩子可以感受到因身为“一个人”而被尊重。

现在的孩子不容易教，面对资优生，老师需要花更多时间与心力，来了解并协助孩子融入班级。对老师来说，这等于把他们拉出原本的舒适圈。

在校园服务过程中，我很怕听到这样的话：“我们班上孩子那么多，我哪有时间去了解他，处理他的问题。”“他留在原班只是浪费时间。”“对于班上的孩子，我一定是一视同仁，这样才符合公平原则。”

这些话乍听之下似乎有理，但稍微深思之后，我全身不由得冒了许多冷汗。

在现实的教学现场，这些的确是许多第一线普通班老师的感受，特别是当班主任或科任老师认为“资优生和我没有关系，是资优班老师与辅导室该操心的事”时，这种“保持距离”的感觉更强烈。

这些年来，只要是与特教研习有关的演讲场合，我都默默给自己一项任务，就是让学校老师们与资优生之间产生“关系”。因为有了“关系”，老师才会在意，才会产生一些想要认识这些资优生的想法，燃起想要协助他们融入班级的动力。

班上有资优生的老师需要支持，需要适时获得协助。面对一般生与资优生的相处，资优生在班上因为各种学习、情绪、行为、人际、适应等状况，及其他一般生家长与资优生家长的要求和期待，身处第一线的老师们，在精神、时间、教学与班级管理上，得加倍付出，时间一长，难免身心俱疲。

我很不希望看见班级老师在缺乏支持与援助的情况下，被迫选择放弃“融合”的努力，这对于亲、师、生三方都是一种伤害。

资优生的融合，绝对不是班主任一个人的事。面对一定要做的“融合”，我想，与孩子相处时间最久的家长，以及校园里最熟悉资优生的资优班老师、年级主任、心理咨询师及相关专业团队的援助与介入，都是协助孩子融合的好帮手。

让我们和孩子彼此“有关系”，朝着融合的目标共同努力。

# 结语

## 父母不资优，怎么教养资优生？

### ——“陪伴”是最重要的教养

面对家里的资优孩子，你在心态上是否矮了一截?

你可能觉得自己似乎没有孩子那么聪明。面对有具体分数可以比较的“智商”，你是否容易在心中产生“畏惧”，不知如何教导?

我曾听到家长聊自己的资优孩子时，一方面觉得“与有荣焉”，另一方面却又感到有些不安。

## 心情矛盾的父母

“怎么办？老师推荐伟皓参加资优班选拔，结果竟然考上了。我们从没想过自己的孩子会是资优生，而且重点是，我们做父母的又不资优，哪能懂他的心里在想什么。”伟皓妈妈对好友茹碧说。尽管语带抱怨，却也透着一丝欣喜。

“哇！这么值得高兴的事，你竟然还抱怨。资优可不是随便都有的。”茹碧瞪大了眼恭贺。

“话是这么说没错，但你不知道，带伟皓这孩子让我们多头痛。他讲话的速度常常快得像什么‘日本东海 JR 的磁悬浮列车’，听说时速可达每小时 603 公里。这个知识还是他告诉我们的。有时伟皓讲的话，我们实在是听不懂。还有，有时我们纠正他，反而被他一记回马枪弄得很糗，让他反过来纠正我们。唉！做爸妈的尊严都不知道要摆在哪里。”伟皓妈妈无奈地搅拌着有点冷掉的咖啡。

“哈！你还在跟自己的孩子较劲？”茹碧觉得很有趣。

“也不是较劲。人家说，资优是一种天赋，我也不知道该不该高兴。带这个孩子真的是高耗能，累得很。他甚至还抱怨过：‘我是资优小孩，但你们不是资优爸妈，你们听不懂我在说什么！’”伟皓妈妈眉头深锁，“你说，我们能怎么办？每当他有什么不懂的，就急着要我们马上教，或者告诉他到底是怎么一回事，把我们当成百度百科吗？说到教他功课，只会让我们更惭愧，因为到最后会发现他比我们还懂。”

还没有育儿经验的茹碧只能静静地听着好友发牢骚，资优什么的她也搞不懂。

“这个孩子不属猴，但是却很毛躁。我们常常不知道他在急什么，叫他讲话慢慢来，动作放轻松一点，可是越这么说，他越急：‘慢什么慢！’他做什么事情都好快、好激动。他很爱读书，常常跑去图书馆用家庭卡一次借十几二十本，各种类别的都有，也不知道他到底有没有看懂。喜欢读书是好事，只是我们总跟不上他的进度，很难配合他的话题……”

茹碧发现好友诉苦一发不可收拾。看来家里有个资优孩子，也有不同的烦恼。

“唉！谁让我们做爸妈的自己不资优？”

伟皓妈妈大大地叹了一口气，而茹碧只能在一旁浅浅苦笑着。

## 比知识，不如比智慧

教养不是和孩子比智力或能力。青出于蓝而胜于蓝，孩子的聪明及在特殊领域的优异表现，是上天赋予他的，没什么好比，爸妈心里不需要太有疙瘩。

我们不用和孩子比较智力，就已经比孩子更有智慧，尤其是在亲子关系的议题上，比孩子早“出道”二三十年以上的我们，多的是社会的经验。这一点，你真的要有自信。

跟孩子在一起，只需要“陪伴”，不需要和他比较谁懂得多。

陪伴，能让你见识到宁静的威力。

陪伴，能让孩子知道在他的身旁，有你这份力量。

陪伴，能让孩子激动的心变得舒缓。

陪伴，更能让孩子感受到爱的力量。

关于陪伴，你脑海中的画面是什么？如果已经模糊不清的话，请你立即启动“陪伴”程序。

## 坦承自己的局限

别忘了一件事：百度百科并不是一个人的作品，而是世界上数不清的人共同创作的。所以请坦然一些面对孩子的提问，我们的确不是百度百科，也不需要是百度百科，我们只要会使用它就好。

孩子需要我们的示范，带领他认识到：自己的无知与有限，并不是那么见不得人的事。

每个人的触角本来就有限，就算再资优的人，也并非全能。纵使他资质优异，所懂得的事情，仍然仅是万事万物的一小部分。

接纳自己的局限，反而能换来无限的容量。如此一来，我们更能够开放自己，接受未知的世界。

天资聪颖的孩子，可以拥有“坦承自己有限”的智慧。

## 父母有一致的共识

在教养上，夫妻管教方式的不一致，往往会造成亲子关系的失衡。松与紧、黑脸与白脸、放手与放任、包容与纵容，容易害孩子无所适从，甚至在行为与观念上偏离轨道。

尤其是面对资优生时，父母所持的立场是否一致，更会明显影响孩子的稳定性。所谓一致的共识，除了管教方式，最关键的还是在于夫妻双方如何看待与期待孩子的“资优”。

父母双方是否有共识，这是属于大人的事，请事先关起门协调好，别让孩子左右为难。

## 跳出财务报表式的教养

请别再像看财务报表似的，老是聚焦于孩子的学业表现、分数的起落与变化，而忽略了他作为生命个体完整的成长。孩子不该仅是冰冷的数字，他是有着温度的独特生命。

让自己重新调整看待孩子的眼光，不要再用“成绩好 / 成绩不好”的二分法看待孩子，而是多关注孩子的成长变化。就像个同心圆般，一圈一圈地扩散。每一圈里，都有着孩子在成长过程中所需的不同养分，比如：学习、思考、兴趣、嗜好、自信、动机、人际与心情等。

## 用关注破解“故意行为”

别忘了，资优生也是孩子，他同样也有可能出现“故意行为”，好让你注意他。

孩子的故意行为，常让爸妈及老师摇头叹气。不过，往好的方面想，出现故意行为至少反映了一点：孩子是能够“控制”自己的，因为他总是能算好时间差，在关键的时间，做出吸引你注意的事。至于你是否因此感到生气，这对孩子来说并不是重点。

故意行为同时也提醒了我们一件事：孩子被关注的需求是否被满足了。

你可能会质疑：“怎么可能？难道我们给他的关心还不够多？”不过，对于“施与受”的解读，亲子双方不尽相同。有时，孩子在意的不一定是“量”，而是“质”。所以我们要检视的是，我们所付出的，是否是孩子真正想要的、期待的。

如果让孩子填写一份“父母给予关注的满意度调查表”或“老师给予关注的满意度调查表”，或许我们可以先推测一下，自己可能获得的分数是多少。

孩子的故意行为让大人有种被要了的感觉，而且他似乎乐此不疲。请提醒自己，故意行为并非只限定在特殊需求的孩子身上。这种行为反应，对于一般孩子的成长来说算“基本款”，是很容易自然浮现的反应，也是一个人期待被关注的社会性掌控行为。

面对故意行为，你可能会气急败坏地想：“这孩子真会挑时间，为什么老爱挑我最忙碌的时候找碴？”你越急，他越乐；你越生气，他越开心。因为你的一切反应，都在他的程序估算中，他知道只要自己出现某个行为，你就自然会有这种反应，所以，为什么他不故意引起你的注意呢？

别忘记，他可是资优生，聪明得很。

面对故意行为，可以肯定一件事：当你越火大时，发脾气的效果就越差。你的耗能越大，孩子的故意行为就越被强化，也更使他认为“这么做就对啦！”而不管是非对错，只要你有反应、停下你手边在做的事，把你的目光转向他，这一切就漂亮又完美。

追根究底，若爸妈或老师想要消除孩子的故意行为，或许，先让我们回到他的基本需求面：孩子到底期待你给予什么样的关注？这牵涉到了我们对于孩子的内心，了解到什么程度。

也许你还是感到茫然，不解孩子到底想要你关注什么，那么，或许选个彼此心平气和，并顾及孩子隐私的场合与时刻，问问他：“你期待爸妈怎么做？”

孩子很可能会这样回答你：“只要你多多看着我，不要老是只注意我犯错。”

## 资优生，依然只是孩子

我还是要强调一件事：面对资质优异的孩子，我一定先看到他是一个“孩子”——和其他孩子一样期待被关注、被呵护、被爱，一样也可能爱捣蛋、爱作怪，也期待有朋友，希望被肯定与被接纳。

可以这样想：他／她是一个孩子，只不过和其他孩子不一样的是，他／她具有优异的天赋。

我想，如此看待这些孩子会比较全面，也更贴近他们的本质。

## 好书推荐

《管孩子不如懂孩子——心理咨询师的育儿笔记》

徐徐 / 著

资深亲子课程导师 20 年成功育儿经验，

作对五件事，轻松带出优质娃。

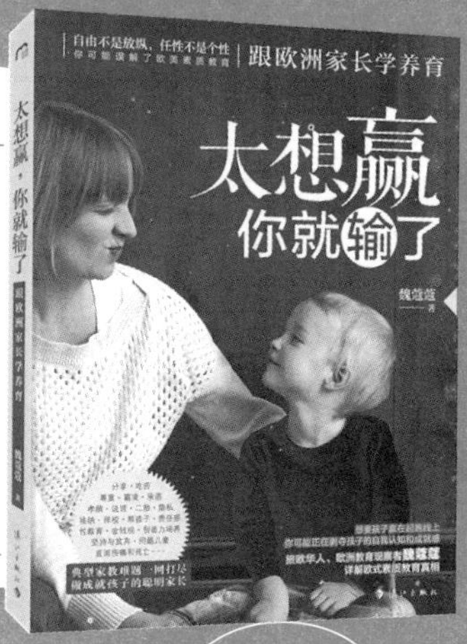


《太想赢你就输了——跟欧洲家长学养育》

魏蔻蔻 / 著

想要孩子赢在起跑线上，

你可能正在剥夺孩子的自我认知和成就感；

旅欧华人、欧洲教育观察者讲述欧式素质教育真相。

《一日学习法——韩国学习大王朴哲范的奇效学习法》

[韩] 朴哲范 / 著　鲁克 / 译

超简单、超实用、超奇效的高考备战全攻略

轻松实践六个月，

完美变身优等生。